천국엔 누가 들어갈까 말씀과 성령 안에 답이 있다

천국엔 누가 들어갈까 말씀과 성령 안에 답이 있다
2025년 06월 03일 초판 발행

엮은이 | 김영길
발행인 | 박찬우
발행처 | 파랑새미디어
등록번호 | 제313-2006-000085호

서울특별시 마포구 서교동 357-1 서교프라자 318
문의 전화 | 02-333-8311

정가 16,700원
ISBN 979-11-5721-207-1 03230

천국엔 누가 들어갈까 말씀과 성령 안에 답이 있다

— 오직 어린 양의 생명책에 기록된 자들만 들어가리라 —

머리말

여호와께서 말씀하시되 너희의 무수한 제물이 내게 무엇이 유익하뇨 나는 숫양의 번제와 살진 짐승의 기름에 배불렀고 나는 수송아지나 어린 양이나 숫염소의 피를 기뻐하지 아니하노라 너희가 내 앞에 보이러 오니 이것을 누가 너희에게 요구하였느냐 내 마당만 밟을 뿐이니라 헛된 제물은 다시 가져오지 말라 분향은 내가 가증히 여기는 바요 월삭과 안식일과 대회로 모이는 것도 그러하니 성회와 아울러 악을 행하는 것을 내가 견디지 못하겠노라 내 마음이 너희의 월삭과 정한 절기를 싫어하나니 그것이 내게 무거운 짐이라 내가 지기에 곤비하였느니라 너희가 손을 펼 때에 내가 내 눈을 너희에게서 가리고 너희가 많이 기도할지라도 내가 듣지 아니하리니 이는 너희의 손에 피가 가득함이라(요일3:12) 너희는 스스로 씻으며 스스로 깨끗하게 하여 내 목전에서 너희 악한 행실을 버리며 행악을 그치고 선행을 배우며 정의를 구하며 학대받는 자를 도와 주며 고아를 위하여 신원하며 과부를 위하여 변호하라 하셨느니라 여호와께서 말씀하시되 오라 우리가 서로 변론하자 너희의 죄가 주홍 같을지라도 눈과 같이 희어질 것이요 진홍같이 붉을지라도 양털같이 희게 되리라 너희가 즐겨 순종하면(삼상15:22) 땅의 아름다운 소산을 먹을 것이요 너희가 거절하여 배반하면 칼에 삼켜지리라(겔18:23) 여호와의 입의 말씀이니라

라오디게아 교회의 사자에게 편지하라 아멘이시요 충성되고 참된 증인이시요 하나님의 창조의 근본이신 이가 이르시되 내가 네 행위를 아노니 네가 차지도 아니하고 뜨겁지도 아니하도다 네가 차든지 뜨겁든지 하기를 원하노라 네가 이같이 미지근하여 뜨겁지도 아니하고 차지도 아니하니 내 입에서 너를 토하여 버리리라 네가 말하기를 나는 부자라 부요하여 부족한 것이 없다 하나 네 곤고한 것과 가련한 것과 가난한 것과 눈먼 것과 벌거벗은 것을 알지 못하는도다 내가 너를 권하노니 내게서 불로 연단한 금(벧전1:7)을 사서 부요하게 하고 흰옷(계7:14)을 사서 입어 벌거벗은 수치를 보이지 않게 하고 안약(고전2:9~10)을 사서 눈에 발라 보게 하라 무릇 내가 사랑하는 자를 책망하여 징계하노니 그러므로 네가 열심을 내라 회개하라 볼지어다 내가 문밖에 서서 두드리노니 누구든지 내 음성을 듣고 문을 열면 내가 그에게로 들어가 그와 더불어 먹고 그는 나와 더불어 먹으리라(요일3:24) 이기는 그(요일5:5)에게는 내가 내 보좌에 함께 앉게 하여 주기를 내가 이기고 아버지 보좌에 함께 앉은 것과 같이 하리라 귀 있는 자는 성령이 교회들에게 하시는 말씀을 들을지어다

이사야서와 요한계시록 에서

읽어두기

천국엔 누가 들어갈까?
말씀과 성령 안에 답이 있다
오직 어린 양의 생명책에 기록된 자들만 들어가리라
(계21:27)

이기는 자는 이와 같이 흰옷을 입을 것이요 내가 그 이름을 생명책에서 결코 지우지 아니하고 그 이름을 내 아버지 앞과 그의 천사들 앞에서 시인하리라 (계3:5)

그러나 귀신들이 너희에게 항복하는 것으로 기뻐하지 말고 너희 이름이 하늘에 기록된 것으로 기뻐하라 하시니라 (눅10:20)

또 참으로 나와 멍에를 같이한 네게 구하노니 복음에 나와 함께 힘쓰던 저 여인들을 돕고 또한 글레멘드와 그 외에 나의 동역자들을 도우라 그 이름들이 생명책에 있느니라 (빌4:3)

이것은 이상한 일이 아니니라 사탄도 자기를 광명의 천사로 가장하나니 그러므로 사탄의 일꾼들도 자기를 의의 일꾼으로 가장하는 것이 또한 대단한 일이 아니니라 그들의 마지막은 그 행위대로(계20:12) 되리라 (고후11:14~15)

하나님께로부터 난 자는 다 범죄하지 아니하는 줄을 우리가 아노라 하나님께로부터 나신 자가 그를 지키시매 악한 자가 그를 만지지도 못하느니라(요일3:8) 또 아는 것은 우리는 하나님께 속하고 온 세상은 악한 자 안에 처한 것이며 또 아는 것은 하나님의 아들이 이르러 우리에게 지각을 주사 우리로 참된 자를 알게 하신 것과 또한 우리가 참된 자 곧 그의 아들 예수 그리스도 안에 있는 것이니 그는 참 하나님이시요

영생이시라 (요일5:18~20)

예수께서 대답하여 이르시되 진실로 진실로 네게 이르노니 사람이 거듭나지 아니하면 하나님의 나라를 볼 수 없느니라 (요3:3)

예수께서 대답하시되 진실로 진실로 네게 이르노니 사람이 물과 성령으로 나지 아니하면 하나님의 나라에 들어갈 수 없느니라 (요3:5)

물은 예수 그리스도께서 부활하심으로 말미암아 이제 너희를 구원하는 표니 곧 세례라 이는 육체의 더러운 것을 제하여 버림이 아니요 하나님을 향한 선한 양심의 간구니라 (벧전3:21)

나는 너희로 회개하기 위하여 물로 세례를 베풀거니와 내 뒤에 오시는 이는 나보다 능력이 많으시니 나는 그의 신을 들기도 감당하지 못하겠노라 그는 성령과 불로 너희에게 세례를 베푸실 것이요 (마3:11)

너희가 악할지라도 자식에게 좋은 것을 줄 줄 알거든 하물며 너희 하늘 아버지께서 구하는 자에게 성령을 주시지 않겠느냐 하시니라 (눅11:13)

구하라 그리하면 너희에게 주실 것이요 찾으라 그리하면 찾아낼 것이요 문을 두드리라 그리하면 너희에게 열릴 것이니 구하는 이마다 받을 것이요 찾는 이는 찾아낼 것이요 두드리는 이에게는 열릴 것이니라 (마7:7~8)

주 여호와의 말씀이니라 이스라엘 족속아 내가 너희 각 사람이 행한 대로 심판할지라(계20:12) 너희는 돌이켜 회개하고 모든 죄에서 떠날지어다(벧후3:9) 그리한즉 그것이 너희에게 죄악의 걸림돌이 되지 아니하리라 너희는 너희가 범한 모든 죄악을 버리고 마음과 영을 새롭게 할지어다 이스라엘 족속아 너희가 어찌하여 죽고자 하느냐 주 여호와의 말씀이니라 죽을 자가 죽는 것도 내가 기뻐하지 아니하노니 너희는 스스로 돌이키고 살지니라 (겔18:30~32)

들어가 그들이 유하는 다락방으로 올라가니 베드로, 요한, 야고보, 안드레와 빌립, 도마와 바돌로매, 마태와 및 알패오의 아들 야고보, 셀롯인 시몬, 야고보의 아들 유다가 다 거기 있어 여자들과 예수의 어머니 마리아와 예수의 아우들과 더불어 마음을 같이하여 오로지 기도에 힘쓰더라 (행1:13~14)

〈성령이 임하시다〉 오순절 날이 이미 이르매 그들이 다같이 한곳에 모였더니 홀연히 하늘로부터 급하고 강한 바람 같은 소리가 있어 그들이 앉은 온 집에 가득하며 마치 불의 혀처럼 갈라지는 것들이 그들에게 보여 각 사람 위에 하나씩 임하여 있더니 그들이 다 성령의 충만함을 받고 성령이 말하게 하심을 따라 다른 언어들로 말하기를 시작하니라 (행2:1~4)

그때에 내가 내 영을 내 남종과 여종들에게 부어 주리니 그들이 예언할 것이요 또 내가 위로 하늘에서는 기사를 아래로 땅에서는 징조를 베풀리니 곧 피와 불과 연기로다(계14장) 주의 크고 영화로운 날이 이르기 전에 해가 변하여 어두워지고 달이 변하여 피가 되리라(계6:12) 누구든지 주의 이름을 부르는 자는 구원을 받으리라(롬10:13) (행2:18~21)

하나님이 오른손으로 예수를 높이시매 그가 약속하신 성령을 아버지께 받아서 너희가 보고 듣는 이것을 부어 주셨느니라 (행2:33)

아볼로가 고린도에 있을 때에 바울이 윗지방으로 다녀 에베소에 와서 어떤 제자들을 만나 이르되 너희가 믿을 때에 성령을 받았느냐 이르되 아니라 우리는 성령이 계심도 듣지 못하였노라 바울이 이르되 그러면 너희가 무슨 세례를 받았느냐 대답하되 요한의 세례니라 바울이 이르되 요한이 회개의 세례를 베풀며 백성에게 말하되 내 뒤에 오시는 이를 믿으라 하였으니 이는 곧 예수라 하거늘 그들이 듣고 예수의 이름으로 세례를 받으니 바울이 그들에게 안수하매 성령이 그들에게 임하시므로 방언도 하고 예언도 하니 (행19:1~6)

예루살렘에 있는 사도들이 사마리아도 하나님의 말씀을 받았다 함을 듣고 베드로와 요한을 보내매 그들이 내려가서 그들을 위하여 성령 받기를 기도하니 이는 아직 한 사람에게도 성령 내리신 일이 없고 오직 주 예수의 이름으로 세례만 받을 뿐이더라 이에 두 사도가 그들에게 안수하매 성령을 받는지라 (행8:14~17)

그에 대하여 모든 선지자도 증언하되 그를 믿는 사람들이 다 그의 이름을 힘입어 죄 사함을 받는다 하였느니라 〈이방인들도 성령을 받다〉 베드로가 이 말을 할 때에 성령이 말씀 듣는 모든 사람에게 내려오시니 베드로와 함께 온 할례받은 신자들이 이방인들에게도 성령 부어주심으로 말미암아 놀라니 이는 방언을 말하며 하나님 높임을 들음이러라 (행10:43~45)

주여 이제도 그들의 위협함을 굽어보시옵고 또 종들로 하여금 담대히 하나님의 말씀을 전하게 하여 주시오며 손을 내밀어 병을 낫게 하시옵고 표적과 기사가 거룩한 종 예수의 이름으로 이루어지게 하옵소서 하더라 빌기를 다하매 모인 곳이 진동하더니 무리가 다 성령이 충만하여 담대히 하나님의 말씀을 전하니라 (행4:29~31)

아나니아가 떠나 그 집에 들어가서 그에게 안수하여 이르되 형제 사울아 주 곧 네가 오는 길에서 나타나셨던 예수께서 나를 보내어 너로 다시 보게 하시고 성령으로 충만하게 하신다 하니 즉시 사울의 눈에서 비늘 같은 것이 벗어져 보게 된지라 일어나 세례를 받고 음식을 먹으매 강건하여지니라 〈사울이 다메섹에서 전도하다〉 사울이 다메섹에 있는 제자들과 함께 며칠 있을새 즉시로 각 회당에서 예수가 하나님의 아들이심을 전파하니 (행9:17~20)

오직 성령이 너희에게 임하시면 너희가 권능을 받고 예루살렘과 온 유대와 사마리아와 땅끝까지 이르러 내 증인이 되리라 하시니라 (행1:8)

또한 우리를 위하여 기도하되 하나님이 전도할 문을 우리에게 열어

주사 그리스도의 비밀을 말하게 하시기를 구하라 내가 이 일 때문에 매임을 당하였노라 (골4:3)

우리가 아직 죄인 되었을 때에 그리스도께서 우리를 위하여 죽으심으로 하나님께서 우리에 대한 자기의 사랑을 확증하셨느니라 그러면 이제 우리가 그의 피로 말미암아 의롭다 하심을 받았으니 더욱 그로 말미암아 진노하심에서 구원을 받을 것이니 곧 우리가 원수 되었을 때에 그의 아들의 죽으심으로 말미암아 하나님과 화목하게 되었은즉 화목하게 된 자로서는 더욱 그의 살아나심으로 말미암아 구원을 받을 것이니라 (롬5:8~10)

바울과 바나바가 담대히 말하여 이르되 하나님의 말씀을 마땅히 먼저 너희에게 전할 것이로되 너희가 그것을 버리고 영생을 얻기에 합당하지 않은 자로 자처하기로 우리가 이방인에게로 향하노라 주께서 이같이 우리에게 명하시되 내가 너를 이방인의 빛으로 삼아 너로 땅끝까지 구원하게 하리라 하셨느니라 하니 이방인들이 듣고 기뻐하여 하나님의 말씀을 찬송하며 영생을 주시기로 작정된 자는 다 믿더라 (행13:46~48)

그러므로 우리가 그의 죽으심과 합하여 세례를 받음으로 그와 함께 장사되었나니 이는 아버지의 영광으로 말미암아 그리스도를 죽은 자 가운데서 살리심과 같이 우리로 또한 새 생명 가운데서 행하게 하려 함이라 만일 우리가 그의 죽으심과 같은 모양으로 연합한 자가 되었으면 또한 그의 부활과 같은 모양으로 연합한 자도 되리라 우리가 알거니와 우리의 옛 사람이 예수와 함께 십자가에 못 박힌 것은 죄의 몸이 죽어 다시는 우리가 죄에게 종 노릇 하지 아니하려 함이니 이는 죽은 자가 죄에서 벗어나 의롭다 하심을 얻었음이라 (롬6:4~7)

나더러 주여 주여 하는 자마다 다 천국에 들어갈 것이 아니요 다만

하늘에 계신 내 아버지의 뜻대로 행하는 자라야 들어가리라 (마7:21)

내 아버지의 뜻은 아들을 보고 믿는 자마다 영생을 얻는 이것이니 마지막 날에 내가 이를 다시 살리리라 하시니라 (요6:40)

영생은 곧 유일하신 참 하나님과 그가 보내신 자 예수 그리스도를 아는 것이니이다 (요17:3)

내 아버지께서 모든 것을 내게 주셨으니 아버지 외에는 아들이 누구인지 아는 자가 없고 아들과 또 아들의 소원대로 계시를 받는 자 외에는 아버지가 누구인지 아는 자가 없나이다 하시고 (눅10:22)

오직 하나님의 성령으로 이것을 우리에게 보이셨으니 성령은 모든 것 곧 하나님의 깊은 것까지도 통달하시느니라 (고전2:10)

우리가 이것을 말하거니와 사람의 지혜가 가르친 말로 아니하고 오직 성령께서 가르치신 것으로 하니 영적인 일은 영적인 것으로 분별하느니라 (고전2:13)

우리가 세상의 영을 받지 아니하고 오직 하나님으로부터 온 영을 받았으니 이는 우리로 하여금 하나님께서 우리에게 은혜로 주신 것들을 알게 하려 하심이라 (고전2:12)

내가 진실로 진실로 너희에게 이르노니 내 말을 듣고 또 나 보내신 이를 믿는 자는 영생을 얻었고 심판(계20:11~15)에 이르지 아니하나니 사망에서 생명으로 옮겼느니라 (요5:24)

너희가 세례로 그리스도와 함께 장사되고 또 죽은 자들 가운데서 그를 일으키신 하나님의 역사를 믿음으로 말미암아 그 안에서 함께 일으키심을 받았느니라 (골2:12)

사무엘이 이르되 여호와께서 번제와 다른 제사를 그의 목소리를 청종하는 것을 좋아하심같이 좋아하시겠나이까 순종이 제사보다 낫고 듣는 것이 숫양의 기름보다 나으니 (삼상15:22)

우리를 구원하시되 우리가 행한 바 의로운 행위로 말미암지 아니하고 오직 그의 긍휼하심을 따라 중생의 씻음과 성령의 새롭게 하심으로 하셨나니 우리 구주 예수 그리스도로 말미암아 우리에게 성령을 풍성히 부어 주사 우리로 그의 은혜를 힘입어 의롭다 하심을 얻어 영생의 소망을 따라 상속자가 되게 하려 하심이라 (딛3:5~7)

너희가 다 믿음으로 말미암아 그리스도 예수 안에서 하나님의 아들이 되었으니 누구든지 그리스도와 합하기 위하여 세례를 받은 자는 그리스도로 옷 입었느니라 너희는 유대인이나 헬라인이나 종이나 자유인이나 남자나 여자나 다 그리스도 예수 안에서 하나이니라 너희가 그리스도의 것이면 곧 아브라함의 자손이요 약속대로 유업을 이을 자니라 (갈3:26~29)

예수께서 하나님의 아들이심을 믿는 자가 아니면 세상을 이기는 자가 누구냐 이는 물과 피로 임하신 이시니 곧 예수 그리스도시라 물로만 아니요 물과 피로 임하셨고 증언하시는 이는 성령이시니 성령은 진리니라 증언하는 이가 셋이니 성령과 물과 피라 또한 이 셋은 합하여 하나이니라 (요일5:5~8)

그의 계명을 지키는 자는 주 안에 거하고 주는 그의 안에 거하시나니 우리에게 주신 성령으로 말미암아 그가 우리 안에 거하시는 줄을 우리가 아느니라 (요일3:24)

하나님의 성령을 근심하게 하지 말라 그 안에서 너희가 구원의 날까지 인치심을받았느니라 (엡4:30)

성결의 영으로는 죽은 자들 가운데서 부활하사 능력으로 하나님의 아들로 선포되셨으니 곧 우리 주 예수 그리스도시니라 (롬1:4)

그러나 우리의 시민권은 하늘에 있는지라 거기로부터 구원하는 자 곧 주 예수 그리스도를 기다리노니 그는 만물을 자기에게 복종하게 하실 수 있는 자의 역사로 우리의 낮은 몸을 자기 영광의 몸의 형체와 같

이 변하게 하시리라 (빌3:20~21)

보라 내가 너희에게 비밀을 말하노니 우리가 다 잠잘 것이 아니요 마지막 나팔에 순식간에 홀연히 다 변화되리니 나팔 소리가 나매 죽은 자들이 썩지 아니할 것으로 다시 살아나고 우리도 변화되리라 (고전 15:51~52)

주께서 호령과 천사장의 소리와 하나님의 나팔소리로 친히 하늘로부터 강림하시리니 그리스도 안에서 죽은 자들이 먼저 일어나고 그 후에 우리 살아 남은 자들도 그들과 함께 구름 속으로 끌어 올려 공중에서 주를 영접하게 하시리니 그리하여 우리가 항상 주와 함께 있으리라 (살전4:16~17)

성안에서 내가 성전을 보지 못하였으니 이는 주 하나님 곧 전능하신 이와 및 어린 양(요2:21)이 그 성전이심이라 그 성은 해나 달의 비침이 쓸데없으니 이는 하나님의 영광이 비치고 어린 양이 그 등불이 되심이라 (계21:22~23)

만국이 그 빛 가운데로 다니고 땅의 왕들(벧전2:9~17, 계20:4~6)이 자기 영광을 가지고 그리로 들어가리라 낮에 성문들을 도무지 닫지 아니하리니 거기에는 밤이 없음이라 사람들(계7:9~17, 계21:3~4)이 만국의 영광과 존귀를 가지고 그리로 들어가겠고 (계21:24~26)

무엇이든지 속된 것이나 가증한 일(레18:22, 20:13, 신17:3~5) 또는 거짓말하는 자(요일2:4, 22, 요이1:7)는 결코 그리로 들어가지 못하되 오직 어린 양의 생명책에 기록된 자들(요일5:5, 눅10:20, 빌4:3)만 들어가리라 (계21:27)

엮은이 김 영 길

목차

제7부 너희는 은혜로 구원을 받은 것이라

제8부 의롭다 하심을 받은 사람의 삶

제1부

영생은 곧 유일하신 참 하나님과 그가 보내신 자 예수 그리스도를 아는 것

1.

나 외에는 구원자가 없느니라

- **나 외에는 구원자가 없느니라**

그러나 애굽 땅에 있을 때부터 나는 네 하나님 여호와라 나밖에 네가 다른 신을 알지 말 것이라 나 외에는 구원자가 없느니라 (호13:4)

- **구원하심이 보좌에 앉으신 우리 하나님과 어린 양에게 있도다**

큰 소리로 외쳐 이르되 구원하심이 보좌에 앉으신 우리 하나님과 어린 양에게 있도다 하니 (계7:10)

- **다른 이로써는 구원을 받을 수 없나니 천하 사람 중에**
- **구원을 받을 만한 다른 이름을 우리에게 주신 일이 없음이라**

이 예수는 너희 건축자들의 버린 돌로서 집 모퉁이의 머릿돌이 되었느니라 다른 이로써는 구원을 받을 수 없나니 천하 사람 중에 구원을 받을 만한 다른 이름을 우리에게 주신 일이 없음이라 하였더라 (행4:11~12)

- **이는 이같이 사람을 구원할 다른 신이 없음이니라 하더라**

그러므로 내가 이제 조서를 내리노니 각 백성과 각 나라와 각 언어를 말하는 자가 모두 사드락과 메삭과 아벳느고의 하나님께 경솔히 말하거든 그 몸을 쪼개고 그 집을 거름터로 삼을지니 이는 이같이 사람을 구원할 다른 신이 없음이니라 하더라 (단3:29)

2.

이 땅의 죄악을 하루에 제거하리라

■ **이 땅의 죄악을 하루에 제거하리라**

만군의 여호와가 말하노라 내가 너 여호수아 앞에 세운 돌을 보라 한 돌[*1)]에 일곱 눈[*2)]이 있느니라 내가 거기에 새길 것을 새기며 이 땅의 죄악을 하루에 제거하리라[*3)] (슥3:9)

■ **그 반석은 곧 그리스도시라**

*1) 다 같은 신령한 음료를 마셨으니 이는 그들을 따르는 신령한 반석으로부터 마셨으매 그 반석은 곧 그리스도시라 (고전 10:4)

■ **그의 위에 여호와의 영이 강림하시리니**

*2) 그의 위에 여호와의 영 곧 지혜와 총명의 영이요 모략과 재능의 영이요 지식과 여호와를 경외하는 영이 강림하시리니 (사11:2)

■ **이 눈들은 온 땅에 보내심을 받은 하나님의 일곱 영이더라**

*2) 내가 또 보니 보좌와 네 생물과 장로들 사이에 한 어린 양이 서 있는데 일찍이 죽임을 당한 것 같더라 그에게 일곱 뿔과 일곱 눈이 있으니 이 눈

들은 온 땅에 보내심을 받은 하나님의 일곱 영이더라 (계5:6)

- **이 뜻을 따라 예수 그리스도의 몸을 단번에 드리심으로**
- **말미암아 우리가 거룩함을 얻었노라**

*3) 이 뜻을 따라 예수 그리스도의 몸을 단번에 드리심으로 말미암아 우리가 거룩함을 얻었노라 (히10:10)

11 그리스도께서는 장래 좋은 일의 대제사장으로 오사 손으로 짓지 아니한 것 곧 이 창조에 속하지 아니한 더 크고 온전한 장막으로 말미암아

- **염소와 송아지의 피로 하지 아니하고 오직 자기의 피로**
- **영원한 속죄를 이루사 단번에 성소에 들어가셨느니라**

12 염소와 송아지의 피로 하지 아니하고 오직 자기의 피로 영원한 속죄를 이루사 단번에 성소에 들어가셨느니라

13 염소와 황소의 피와 및 암송아지의 재를 부정한 자에게 뿌려 그 육체를 정결하게 하여 거룩하게 하거든

- **하물며 영원하신 성령으로 말미암아 흠 없는 자기를 하나님께**
- **드린 그리스도의 피가 어찌 너희 양심을 죽은 행실에서**
- **깨끗하게 하고 살아계신 하나님을 섬기게 하지 못하겠느냐**

14 하물며 영원하신 성령으로 말미암아 흠 없는 자기를 하나님께 드린 그리스도의 피가 어찌 너희 양심을 죽은 행실에서 깨끗하게 하고 살아계신 하나님을 섬기게 하지 못하겠느냐

- 이로 말미암아 그는 새 언약의 중보자시니 이는 첫 언약
- 때에 범한 죄에서 속량하려고 죽으사 부르심을 입은 자로
- 하여금 영원한 기업의 약속을 얻게 하려 하심이라

15 이로 말미암아 그는 새 언약의 중보자시니 이는 첫 언약 때에 범
한 죄에서 속량하려고 죽으사 부르심을 입은 자로 하여금 영원한 기
업의 약속을 얻게 하려 하심이라 (히9:11~15)

3. 삼위 하나님

16 예수께서 세례를 받으시고 곧 물에서 올라오실새 하늘이 열리고
하나님의 성령이 비둘기같이 내려 자기 위에 임하심을 보시더니
17 하늘로부터 소리가 있어 말씀하시되 이는 내 사랑하는 아들이요
내 기뻐하는 자라 하시니라 (마3:16~17)

- **하나님이 나사렛 예수에게 성령과 능력을 기름 붓듯**
- **하셨으매 그가 두루 다니시며 선한 일을 행하시고 마귀에게**
- **눌린 모든 사람을 고치셨으니 이는 하나님이 함께 하셨음이라**

하나님이 나사렛 예수에게 성령과 능력을 기름 붓듯 하셨으매 그가 두루 다니시며 선한 일을 행하시고 마귀에게 눌린 모든 사람을 고치셨으니 이는 하나님이 함께하셨음이라 (행10:38)

▪ **태초에 하나님이 천지를 창조하시니라**

1 태초에 하나님이 천지를 창조하시니라

2 땅이 혼돈하고 공허하며 흑암이 깊음 위에 있고 하나님의 영은 수면 위에 운행하시니라 (창1:1~2)

▪ **태초에 말씀이 계시니라**

1 태초에 말씀이 계시니라 이 말씀이 하나님과 함께 계셨으니 이 말씀은 곧 하나님이시니라

2 그가 태초에 하나님과 함께 계셨고

3 만물이 그로 말미암아 지은 바 되었으니 지은 것이 하나도 그가 없이는 된 것이 없느니라 (요1:1~3)

▪ **말씀이 육신이 되어 우리 가운데 거하시매**

말씀이 육신이 되어 우리 가운데 거하시매 우리가 그의 영광을 보니 아버지의 독생자의 영광이요 은혜와 진리가 충만하더라 (요1:14)

▪ **주는 그리스도시요 살아계신 하나님의 아들이시니이다**

시몬 베드로가 대답하여 이르되 주는 그리스도시요 살아계신 하나님의 아들이시니이다 (마16:16)

20 이 일을 생각할 때에 주의 사자가 현몽하여 이르되 다윗의 자손 요셉아 네 아내 마리아 데려오기를 무서워하지 말라 그에게 잉태된 자는 성령으로 된 것이라

▪ **자기 백성을 그들의 죄에서 구원할 자**

21 아들을 낳으리니 이름을 예수라 하라 이는 그가 자기 백성을 그들의 죄에서 구원할 자이심이라 하니라 (마1:20~21)

4.

하나님은 영이시니 예배하는 자가 영과 진리로 예배할지니라

23 아버지께 참되게 예배하는 자들은 영과 진리로 예배할 때가 오나
니 곧 이때라 아버지께서는 자기에게 이렇게 예배하는 자들을 찾으
시느니라

- **하나님은 영이시니 예배하는 자가 영과 진리로 예배할지니라**

24 하나님은 영이시니 예배하는 자가 영과 진리로 예배할지니라 (요
4:23~24)

- **너희 몸을 하나님이 기뻐하시는 거룩한 산 제물로 드리라**
- **이는 너희가 드릴 영적 예배니라**

그러므로 형제들아 내가 하나님의 모든 자비하심으로 너희를 권하노니 너희 몸을 하나님이 기뻐하시는 거룩한 산 제물로 드리라 이는 너희가 드릴 영적 예배니라 (롬12:1)

이 은혜는 곧 나로 이방인을 위하여 그리스도 예수의 일꾼이 되어 하나님의 복음의 제사장 직분을 하게 하사 이방인을 제물로 드리는 것이 성령 안에서 거룩하게 되어 받으실 만하게 하려 하심이라 (롬15:16)

1 그러므로 사랑을 받는 자녀같이 너희는 하나님을 본받는 자가 되고

2 그리스도께서 너희를 사랑하신 것같이 너희도 사랑 가운데서 행하라 그는 우리를 위하여 자신을 버리사 향기로운 제물과 희생제물로 하나님께 드리셨느니라 (엡5:1~2)

17 만일 너희 믿음의 제물과 섬김 위에 내가 나를 전제로 드릴지라도 나는 기뻐하고 너희 무리와 함께 기뻐하리니

18 이와 같이 너희도 기뻐하고 나와 함께 기뻐하라 (빌2:17~18)

내게는 모든 것이 있고 또 풍부한지라 에바브로디도 편에 너희가 준 것을 받으므로 내가 풍족하니 이는 받으실 만한 향기로운 제물이요 하나님을 기쁘시게 한 것이라 (빌4:18)

- **믿음이 없이는 하나님을 기쁘시게 하지 못하나니**
- **하나님께 나아가는 자는 반드시 그가 계신 것과 또한 그가**
- **자기를 찾는 자들에게 상 주시는 이심을 믿어야 할지니라**

믿음이 없이는 하나님을 기쁘시게 하지 못하나니 하나님께 나아가는 자는 반드시 그가 계신 것과 또한 그가 자기를 찾는 자들에게 상 주시는 이심을 믿어야 할지니라 (히11:6)

- **우리는 예수로 말미암아 항상 찬송의 제사를 하나님께 드리자**

15 그러므로 우리는 예수로 말미암아 항상 찬송의 제사를 하나님께 드리자 이는 그 이름을 증언하는 입술의 열매니라

16 오직 선을 행함과 서로 나누어 주기를 잊지 말라 하나님은 이같은 제사를 기뻐하시느니라 (히13:15~16)

- **그리스도의 말씀이 너희 속에 풍성히 거하여**

16 그리스도의 말씀이 너희 속에 풍성히 거하여 모든 지혜로 피차 가르치며 권면하고 시와 찬송과 신령한 노래를 부르며 감사하는 마음으로 하나님을 찬양하고

- **무엇을 하든지 말에나 일에나 다 주 예수의 이름으로 하고**
- **그를 힘입어 하나님 아버지께 감사하라**

17 무엇을 하든지 말에나 일에나 다 주 예수의 이름으로 하고 그를 힘입어 하나님 아버지께 감사하라 (골3:16~17)

1 오라 우리가 여호와께 노래하며 우리의 구원의 반석을 향하여 즐거이 외치자

- **우리가 감사함으로 그 앞에 나아가며**

2 우리가 감사함으로 그 앞에 나아가며 시를 지어 즐거이 그를 노래하자

3 여호와는 크신 하나님이시요 모든 신들보다 크신 왕이시기 때문이로다

4 땅의 깊은 곳이 그의 손 안에 있으며 산들의 높은 곳도 그의 것이로다

5 바다도 그의 것이라 그가 만드셨고 육지도 그의 손이 지으셨도다

▪ 오라 우리가 굽혀 경배하며

▪ 우리를 지으신 여호와 앞에 무릎을 꿇자

6 오라 우리가 굽혀 경배하며 우리를 지으신 여호와 앞에 무릎을 꿇자 (시95:1~6)

▪ 감사함으로 그의 문에 들어가며 찬송함으로 그의 궁정에

▪ 들어가서 그에게 감사하며 그의 이름을 송축할지어다

감사함으로 그의 문에 들어가며 찬송함으로 그의 궁정에 들어가서 그에게 감사하며 그의 이름을 송축할지어다 (시100:4)

▪ 하나님이여 주는 나의 하나님이시라

▪ 내가 간절히 주를 찾되 물이 없어 마르고 황폐한 땅에서

▪ 내 영혼이 주를 갈망하며 내 육체가 주를 앙모하나이다

1 하나님이여 주는 나의 하나님이시라 내가 간절히 주를 찾되 물이 없어 마르고 황폐한 땅에서 내 영혼이 주를 갈망하며 내 육체가 주를 앙모하나이다

2 내가 주의 권능과 영광을 보기 위하여 이와 같이 성소에서 주를 바라보았나이다

▪ 주의 인자하심이 생명보다 나으므로

▪ 내 입술이 주를 찬양할 것이라

3 주의 인자하심이 생명보다 나으므로 내 입술이 주를 찬양할 것이라

▪ 이러므로 나의 평생에 주를 송축하며

▪ 주의 이름으로 말미암아 나의 손을 들리이다

4 이러므로 나의 평생에 주를 송축하며 주의 이름으로 말미암아 나

의 손을 들리이다 (시63:1~4)

21 이것을 내가 내 마음에 담아 두었더니 그것이 오히려 나의 소망이
되었사옴은

- **여호와의 인자와 긍휼이 무궁하시므로**
- **우리가 진멸되지 아니함이니이다**

22 여호와의 인자와 긍휼이 무궁하시므로 우리가 진멸되지 아니함
이니이다
23 이것들이 아침마다 새로우니 주의 성실하심이 크시도소이다
24 내 심령에 이르기를 여호와는 나의 기업이시니 그러므로 내가 그
를 바라리라 하도다 (애3:21~24)

11 여호와여 위대하심과 권능과 영광과 승리와 위엄이 다 주께 속하
였사오니 천지에 있는 것이 다 주의 것이로소이다 여호와여 주권도
주께 속하였사오니 주는 높으사 만물의 머리이심이니이다
12 부와 귀가 주께로 말미암고 또 주는 만물의 주재가 되사 손에 권
세와 능력이 있사오니 모든 사람을 크게 하심과 강하게 하심이 주의
손에 있나이다

- **우리 하나님이여 이제 우리가 주께 감사하오며**
- **주의 영화로운 이름을 찬양하나이다**

13 우리 하나님이여 이제 우리가 주께 감사하오며 주의 영화로운 이
름을 찬양하나이다

- **모든 것이 주께로 말미암았사오니 우리가 주의 손에서**
- **받은 것으로 주께 드렸을 뿐이니이다**

14 나와 내 백성이 무엇이기에 이처럼 즐거운 마음으로 드릴 힘이
있었나이까 모든 것이 주께로 말미암았사오니 우리가 주의 손에서
받은 것으로 주께 드렸을 뿐이니이다 (대상29;11~14)

- **너희가 내 앞에 보이러 오니 이것을 누가 너희에게**
- **요구하였느냐 내 마당만 밟을 뿐이니라**

12 너희가 내 앞에 보이러 오니 이것을 누가 너희에게 요구하였느냐
내 마당만 밟을 뿐이니라*

- **하나님께서 구하시는 제사는 상한 심령이라 하나님이여**
- **상하고 통회하는 마음을 주께서 멸시하지 아니하시리이다**

* 하나님께서 구하시는 제사는 상한 심령이라 하나님이여 상하고 통회하는 마음을 주께서 멸시하지 아니하시리이다 (시51:17)

- **헛된 제물을 가져오지 말라**

13 헛된 제물을 가져오지 말라 분향은 내가 가증히 여기는 바요 월
삭과 안식일과 대회로 모이는 것도 그러하니 성회와 아울러 악을 행
하는 것을 내가 견디지 못하겠노라
14 내 마음이 너희의 월삭과 정한 절기를 싫어하나니 그것이 내게
무거운 짐이라 내가 지기에 곤비하였느니라

- **너희가 많이 기도할지라도 내가 듣지 아니하리니**
- **이는 너희의 손에 피가 가득함이라**

15 너희가 손을 펼 때에 내가 내 눈을 너희에게서 가리고 너희가 많
이 기도할지라도 내가 듣지 아니하리니 이는 너희의 손에 피가 가득

함이라*

* 5 가인과 그의 제물은 받지 아니하신지라 가인이 몹시 분하여 안색이
변하니
6 여호와께서 가인에게 이르시되 네가 분하여 함은 어찌 됨이며 안색이
변함은 어찌 됨이냐
7 네가 선을 행하면 어찌 낯을 들지 못하겠느냐 선을 행하지 아니하면
죄가 문에 엎드려 있느니라 죄가 너를 원하나 너는 죄를 다스릴지니라
(창4:5~7)

가인같이 하지 말라 그는 악한 자에게 속하여 그 아우를 죽였으니 어떤 이유로 죽였느냐 자기의 행위는 악하고 그의 아우의 행위는 의로움이라 (요일3:12)

- **너희는 스스로 씻으며 스스로 깨끗하게 하여**
- **내 목전에서 악한 행실을 버리며 행악을 그치고**

16 너희는 스스로 씻으며 스스로 깨끗하게 하여 내 목전에서 너희 악한 행실을 버리며 행악을 그치고

- **선행을 배우며 정의를 구하며**

17 선행을 배우며 정의를 구하며 학대받는 자를 도와 주며 고아를 위하여 신원하며 과부를 위하여 변호하라 하셨느니라 (사1:12~17)

● 좁은 문으로 들어가기를 힘쓰라

22 예수께서 각 성 각 마을로 다니사 가르치시며 예루살렘으로 여행하시더니

23 어떤 사람이 여짜오되 주여 구원을 받는 자가 적으니이까 그들에게 이르시되

- **좁은 문으로 들어가기를 힘쓰라**

24 좁은 문으로 들어가기를 힘쓰라 내가 너희에게 이르노니 들어가
기를 구하여도 못하는 자가 많으리라
25 집주인이 일어나 문을 한 번 닫은 후에 너희가 밖에 서서 문을 두
드리며 주여 열어 주소서 하면 그가 대답하여 이르되 나는 너희가
어디에서 온 자인지 알지 못하노라 하리니
26 그때에 너희가 말하되 우리는 주 앞에서 먹고 마셨으며 주는 또
한 우리의 길거리에서 가르치셨나이다 하나

- **그가 너희에게 말하여 이르되 나는 너희가 어디서 왔는지**
- **알지 못하노라 행악하는 모든 자들아 나를 떠나가라 하리라**

27 그가 너희에게 말하여 이르되 나는 너희가 어디서 왔는지 알지
못하노라 행악하는 모든 자들아 나를 떠나가라 하리라
28 너희가 아브라함과 이삭과 야곱과 모든 선지자는 하나님 나라에
있고 오직 너희는 밖에 쫓겨난 것을 볼 때에 거기서 슬피 울며 이를
갈리라
29 사람들이 동서남북으로부터 와서 하나님의 나라 잔치에 참여하
리니

- **보라 나중 된 자로서 먼저 될 자도 있고**
- **먼저 된 자로서 나중 될 자도 있느니라 하시더라**

30 보라 나중 된 자로서 먼저 될 자도 있고 먼저 된 자로서 나중 될
자도 있느니라 하시더라 (눅13:22~30)

5.

여호와를 경외하라

할렐루야, 여호와를 경외하며 그의 계명을 크게 즐거워하는 자는 복이 있도다 (시112:1)

그는 자기를 경외하는 자들의 소원을 이루시며 또 그들의 부르짖음을 들으사 구원하시리로다 (시145:19)

■ **너희 성도들아 여호와를 경외하라**

9 너희 성도들아 여호와를 경외하라 그를 경외하는 자에게는 부족함이 없도다

10 젊은 사자는 궁핍하여 주릴지라도 여호와를 찾는 자는 모든 좋은 것에 부족함이 없으리로다

11 너희 자녀들아 와서 내 말을 들으라 내가 여호와를 경외하는 법을 너희에게 가르치리로다 (시34:9~11)

17 네 마음으로 죄인의 형통을 부러워하지 말고 항상 여호와를 경외하라

18 정녕히 네 장래가 있겠고 네 소망이 끊어지지 아니하리라 (잠23:17~18)

19 평생에 자기 옆에 두고 읽어 그의 하나님 여호와 경외하기를 배우며 이 율법의 모든 말과 이 규례를 지켜 행할 것이라

20 그리하면 그의 마음이 그의 형제 위에 교만하지 아니하고 이 명령에서 떠나 좌로나 우로나 치우치지 아니하리니 이스라엘 중에서 그와 그의 자손이 왕위에 있는 날이 장구하리라 (신17:19~20)

12 여호와를 경외하는 자 누구냐 그가 택한 길을 그에게 가르치시리로다

13 그의 영혼은 평안히 살고 그의 자손은 땅을 상속하리로다

14 여호와의 친밀하심이 그를 경외하는 자들에게 있음이여 그의 언약을 그들에게 보이시리로다 (시25:12~14)

너희 각 사람은 자기 이웃을 속이지 말고 네 하나님을 경외하라 나는 너희의 하나님 여호와이니라 (레25:17)

너는 귀먹은 자를 저주하지 말며 맹인 앞에 장애물을 놓지 말고 네 하나님을 경외하라 나는 여호와이니라 (레19:14)

또 너희가 요단강을 건너가서 차지할 땅에 거주할 동안에 이 말씀을 알지 못하는 그들의 자녀에게 듣고 네 하나님 여호와 경외하기를 배우게 할지니라 (신31:13)

18 여호와를 경외하는 자 곧 그의 인자하심을 바라는 자를 살피사

19 그들의 영혼을 사망에서 건지시며 그들이 굶주릴 때에 그들을 살피시는도다 (시33:18~19)

6.

말씀·복음·십자가의 능력

- 살아있는 하나님의 말씀을 학문이나 지식으로 포장하지 말라
- 성경 말씀에 맞지 않는 교재들은 하나님께 가증한 것이니라 (계21:27)

18 내가 이 두루마리의 예언의 말씀을 듣는 모든 사람에게 증언하노
니 만일 누구든지 이것들 외에 더하면 하나님이 이 두루마리에 기록
된 재앙들을 그에게 더하실 것이요
19 민일 누구든지 이 두루마리의 예언의 말씀에서 제하여 버리면 하
나님이 이 두루마리에 기록된 생명나무와 및 거룩한 성에 참여함을
제하여 버리시리라 (계22:18~19)

여호와께서 이르시되 내가 그들과 세운 나의 언약이 이러하니 곧 네 위에 있는 나의 영과 네 입에 둔 나의 말이 이제부터 영원하도록 네 입에서와 네 후손의 입에서와 네 후손의 후손의 입에서 떠나지 아니하리라 하시니라 여호와의 말씀이니라 (사59:21)

■ **하나님의 말씀은 살아있고 활력이 있어**

12 하나님의 말씀은 살아있고 활력이 있어 좌우에 날선 어떤 검보다
도 예리하여 혼과 영과 및 관절과 골수를 찔러 쪼개기까지 하며 또
마음의 생각과 뜻을 판단하나니
13 지으신 것이 하나도 그 앞에 나타나지 않음이 없고 우리의 결산
을 받으실 이의 눈앞에 만물이 벌거벗은 것같이 드러나느니라 (히
4:12~13)

■ **말씀이 육신이 되어 우리 가운데 거하시매**

말씀이 육신이 되어 우리 가운데 거하시매 우리가 그의 영광을 보니 아버지의 독생자의 영광이요 은혜와 진리가 충만하더라 (요1:14)

■ **예수께서 이르시되 내가 곧 길이요 진리요 생명이니**

■ **나로 말미암지 않고는 아버지께로 올 자가 없느니라**

예수께서 이르시되 내가 곧 길이요 진리요 생명이니 나로 말미암지 않고는 아버지께로 올 자가 없느니라 (요14:6)

■ **복음은 모든 믿는 자에게 구원을 주시는 하나님의 능력**

16 내가 복음을 부끄러워하지 아니하노니 이 복음은 모든 믿는 자에
게 구원을 주시는 하나님의 능력이 됨이라 먼저는 유대인에게요 그
리고 헬라인에게로다

■ **복음에는 하나님의 의가 나타나서 믿음으로 믿음에 이르게**

17 복음에는 하나님의 의가 나타나서 믿음으로 믿음에 이르게 하나
니 기록된 바 오직 의인은 믿음으로 말미암아 살리라 함과 같으니라
(롬1:16~17)

- **십자가의 도가 믿는 우리에게는 하나님의 능력이요**

18 십자가의 도가 멸망하는 자들에게는 미련한 것이요 구원을 받는 우리에게는 하나님의 능력이라

- **부르심을 받은 자들에게는 그리스도는 하나님의 능력**

2**4** 오직 부르심을 받은 자들에게는 유대인이나 헬라인이나 그리스도는 하나님의 능력이요 하나님의 지혜니라 (고전1:18, 24)

7.

말씀을 바로 알고 말씀 따라 살기를 힘쓰라

- 하나님의 말씀은 살아있고 활력이 있어
- 좌우에 날선 어떤 검보다도 예리하여
- 혼과 영과 및 관절과 골수를 찔러 쪼개기까지 하며
- 또 마음의 생각과 뜻을 판단하나니

12 하나님의 말씀은 살아있고 활력이 있어 좌우에 날선 어떤 검보다
도 예리하여 혼과 영과 및 관절과 골수를 찌러 쪼개기까지 하며 또
마음의 생각과 뜻을 판단하나니
13 지은 것이 하나도 그 앞에 나타나지 않음이 없고 우리의 결산
을 받으실 이의 눈앞에 만물이 벌거벗은 것같이 드러나느니라 (히
4:12~13

- 성경의 모든 예언은 사사로이 풀 것이 아니니 오직 성령의
- 감동하심을 받은 사람들이 하나님께 받아 말한 것임이라

20 먼저 알 것은 성경의 모든 예언은 사사로이 풀 것이 아니니
21 예언은 언제든지 사람의 뜻으로 낸 것이 아니요 오직 성령의 감
동하심을 받은 사람들이 하나님께 받아 말한 것임이라 (벧후1:20~21)

- **너는 그의 말씀에 더하지 말라 그가 너를**
- **책망하시겠고 너는 거짓말하는 자가 될까 두려우니라**

너는 그의 말씀에 더하지 말라 그가 너를 책망하시겠고 너는 거짓말하는 자가 될까 두려우니라 (잠30:6)

- **내가 너희에게 명령하는 말을 가감하지 말고 내가**
- **너희에게 내리는 너희 하나님 여호와의 명령을 지키라**

내가 너희에게 명령하는 말을 너희는 가감하지 말고 내가 너희에게 내리는 너희 하나님 여호와의 명령을 지키라 (신4:2)

- **그 중에 알기 어려운 것이 더러 있으니**
- **그것도 억지로 풀다가 스스로 멸망에 이르느니라**

또 그 모든 편지에도 이런 일에 관하여 말하였으되 그 중에 알기 어려운 것이 더러 있으니 무식한 자들과 굳세지 못한 자들이 다른 성경과 같이 그것도 억지로 풀다가 스스로 멸망에 이르느니라 (벧후3:16)

- **만일 누구든지 이 두루마리의 예언의 말씀에서**
- **제하여 버리면 하나님이 이 두루마리에 기록된**
- **생명나무와 및 거룩한 성에 참여함을 제하여 버리시리라**

19 만일 누구든지 이 두루마리의 예언의 말씀에서 제하여 버리면 하
나님이 이 두루마리에 기록된 생명나무와 및 거룩한 성에 참여함을

제하여 버리시리라

- **내가 진실로 속히 오리라 하시거늘**
- **아멘 주 예수여 오시옵소서**

20 이것들을 증언하신 이가 이르시되 내가 진실로 속히 오리라 하시거늘 아멘 주 예수여 오시옵소서 (계22:19~20)

1 태초에 말씀이 계시니라 이 말씀이 하나님과 함께 계셨으니 이 말씀은 곧 하나님이시니라
2 그가 태초에 하나님과 함께 계셨고
3 만물이 그로 말미암아 지은 바 되었으니 지은 것이 하나도 그가 없이는 된 것이 없느니라,
14 말씀이 육신이 되어 우리 가운데 거하시매 우리가 그의 영광을 보니 아버지의 독생자의 영광이요 은혜와 진리가 충만하더라 (요1:1~3, 14)

- **그들을 진리로 거룩하게 하옵소서**
- **아버지의 말씀은 진리니이다**

그들을 진리로 거룩하게 하옵소서 아버지의 말씀은 진리니이다 (요17:17)

- **내가 너희에게 이른 말은 영이요 생명이라**

살리는 것은 영이니 육은 무익하니라 내가 너희에게 이른 말은 영이요 생명이라 (요6:63)

- **예수께서 이르시되 내가 곧 길이요 진리요 생명이니**

- **나로 말미암지 않고는 아버지께로 올 자가 없느니라**

예수께서 이르시되 내가 곧 길이요 진리요 생명이니 나로 말미암지 않고는 아버지께로 올 자가 없느니라 (요14:6)

- **이 예언의 말씀을 읽는 자와 듣는 자와 그 가운데**
- **기록한 것을 지키는 자는 복이 있나니 때가 가까움이라**

이 예언의 말씀을 읽는 자와 듣는 자와 그 가운데 기록한 것을 지키는 자는 복이 있나니 때가 가까움이라 (계1:3)

- **너희는 여호와의 책에서 찾아 읽어 보라**
- **이것들 가운데 빠진것이 하나도 없고 제 짝이**
- **없는 것이 없으리니 이는 여호와의 입이**
- **명령하셨고 그의 영이 이것들을 모으셔음이라**

너희는 여호와의 책에서 찾아 읽어 보라 이것들 가운데 빠진 것이 하나도 없고 제 짝이 없는 것이 없으리니 이는 여호와의 입이 이를 명령하셨고 그의 영이 이것들을 모으셨음이라 (사34:16)

이 율법책을 네 입에서 떠나지 말게 하며 주야로 그것을 묵상하여 그 안에 기록된 대로 다 지켜 행하라 그리하면 네 길이 평탄하게 될 것이며 네가 형통하리라 (수1:8)

여호와의 교훈은 정직하여 마음을 기쁘게 하고 여호와의 계명은 순결하여 눈을 밝게 하시도다 (시19:8)

만군의 하나님 여호와시여 나는 주의 이름으로 일컬음을 받는 자라 내가 주의 말씀을 얻어먹었사오니 주의 말씀은 내게 기쁨과 내 마음의 즐거움이오나 (렘15:16)

1 또 그가 내게 이르시되 인자야 너는 발견한 것을 먹으라 너는 이
두루마리를 먹고 가서 이스라엘 족속에게 말하라 하시기로
2 내가 입을 벌리니 그가 그 두루마리를 내게 먹이시며
3 내게 이르시되 인자야 내가 네게 주는 이 두루마리를 네 배에 넣
으며 네 창자에 채우라 하시기에 내가 먹으니 그것이 내 입에서 달
기가 꿀 같더라 (겔3:1~3)

주의 말씀의 맛이 내게 어찌 그리 단지요 내 입에 꿀보다 더 다니이다 (시119:103)

내가 주의 법을 어찌 그리 사랑하는지요 내가 그것을 종일 작은 소리로 읊조리나이다 (시119:97)

내가 그의 입술의 명령을 어기지 아니하고 정한 음식보다 그의 입의 말씀을 귀히 여겼도다 (욥23:12)

- **여호와의 말씀이니라 내 말이 불 같지 아니하냐**

29 여호와의 말씀이니라 내 말이 불 같지 아니하냐 바위를 쳐서 부
스러뜨리는 방망이 같지 아니하냐

- **내 말을 도둑질하는 선지자들을 내가 치리라**

30 여호와의 말씀이라 그러므로 보라 서로 내 말을 도둑질하는 선지
자들을 내가 치리라

- **여호와가 말씀하셨다 하는 선지자들을 내가 치리라**

31 여호와의 말씀이니라 보라 그들이 혀를 놀려 여호와가 말씀하셨
다 하는 선지자들을 내가 치리라
32 여호와의 말씀이니라 거짓 꿈을 예언하여 이르며 거짓과 헛된 자

만으로 내 백성을 미혹하게 하는 자를 내가 치리라 내가 그들을 보내지 아니하였으며 명령하지 아니하였나니 그들은 이 백성에게 아무 유익이 없느니라 여호와의 말씀이니라 (렘23:29~32)

- **너희가 성경에서 영생을 얻는 줄 생각하고 성경을**
- **연구하거니와 이 성경이 곧 내게 대하여 증언하는 것이니라**

39 너희가 성경에서 영생을 얻는 줄 생각하고 성경을 연구하거니와 이 성경이 곧 내게 대하여 증언하는 것이니라

- **그러나 너희가 영생을 얻기 위하여**
- **내게 오기를 원하지 아니하는도다**

40 그러나 너희가 영생을 얻기 위하여 내게 오기를 원하지 아니하는도다 (요5:39~40)

- **이 책을 기록한 목적**

30 〈이 책을 기록한 목적〉 예수께서 제자들 앞에서 이 책에 기록되지 아니한 다른 표적도 많이 행하셨으나

- **예수께서 하나님의 아들 그리스도이심을 믿게 하려 함이요**
- **너희로 믿고 그 이름을 힘입어 생명을 얻게 하려 함이니라**

31 오직 이것을 기록함은 너희로 예수께서 하나님의 아들 그리스도이심을 믿게 하려 함이요 또 너희로 믿고 그 이름을 힘입어 생명을 얻게 하려 함이니라 (요20:30~31)

- **모든 성경은 하나님의 감동으로 된 것으로 교훈과**
- **책망과 바르게 함과 의로 교육하기에 유익하니**

16 모든 성경은 하나님의 감동으로 된 것으로 교훈과 책망과 바르게

함과 의로 교육하기에 유익하니

- **이는 하나님의 사람으로 온전하게 하며**
- **모든 선한 일을 행할 능력을 갖추게 하려 함이라**

17 이는 하나님의 사람으로 온전하게 하며 모든 선한 일을 행할 능력을 갖추게 하려 함이라 (딤후3:16~17)

- **너는 진리의 말씀을 옳게 분별하며 부끄러울 것이 없는**
- **인정된 자로 자신을 하나님 앞에 드리기를 힘쓰라**

너는 진리의 말씀을 옳게 분별하며 부끄러울 것이 없는 인정된 자로 자신을 하나님 앞에 드리기를 힘쓰라 (딤후2:15)

16 그리스도의 말씀이 너희 속에 풍성히 거하여 모든 지혜로 피차 가르치며 권면하고 시와 찬송과 신령한 노래를 부르며 감사하는 마음으로 하나님을 찬양하고

- **또 무엇을 하든지 말에나 일에나 다 주 예수의 이름으로**
- **하고 그를 힘입어 하나님 아버지께 감사하라**

17 또 무엇을 하든지 말에나 일에나 다 주 예수의 이름으로 하고 그를 힘입어 하나님 아버지께 감사하라(골3:16~17)

- **간절한 마음으로 말씀을 받고**
- **이것이 그러한가 하여 날마다 성경을 상고하므로**

베뢰아에 있는 사람들은 데살로니가에 있는 사람들보다 더 너그러워서 간절한 마음으로 말씀을 받고 이것이 그러한가 하여 날마다 성경을 상고하므로 (행17:11)

8.

예수 이름의 권세

- **아들을 낳으리니 이름을 예수라 하라 이는**
- **그가 자기 백성을 그들의 죄에서 구원할 자이심이라**

아들을 낳으리니 이름을 예수라 하라 이는 그가 자기 백성을 그들의 죄에서 구원할 자이심이라 하니라 (마1:21)

- **다른 이로써는 구원을 받을 수 없나니**
- **천하 사람 중에 구원을 받을 만한 다른 이름을**
- **우리에게 주신 일이 없음이라 하였더라**

다른 이로써는 구원을 받을 수 없나니 천하 사람 중에 구원을 받을 만한 다른 이름을 우리에게 주신 일이 없음이라 하였더라 (행4:12)

그에 대하여 모든 선지자도 증언하되 그를 믿는 사람들이 다 그의 이름을 힘입어 죄 사함을 받는다 하였느니라 (행10:43)

▪ **주 예수 그리스도의 이름과 우리 하나님의 성령 안에서**

▪ **씻음과 거룩함과 의롭다 하심을 받았느니라**

너희 중에 이와 같은 자들이 있더니 주 예수 그리스도의 이름과 우리 하나님의 성령 안에서 씻음과 거룩함과 의롭다 하심을 받았느니라 (고전6:11)

▪ **너희가 내 이름으로 무엇을 구하든지 내가 행하리니**

▪ **아버지로 하여금 아들로 말미암아 영광을 받으시게 하려 함이라**

13 너희가 내 이름으로 무엇을 구하든지 내가 행하리니 이는 아버지
로 하여금 아들로 말미암아 영광을 받으시게 하려 함이라
14 내 이름으로 무엇이든지 내게 구하면 내가 행하리라 (요14:13~14)

▪ **무엇을 하든지 말에나 일에나 다 주 예수의**

▪ **이름으로 하고 그를 힘입어 아버지께 감사하라**

또 무엇을 하든지 말에나 일에나 다 주 예수의 이름으로 하고 그를 힘입어 아버지께 감사하라 (골3:17)

15 이르시되 너희는 나를 누구라 하느냐

▪ **주는 그리스도이시요 살아계신 하나님의 아들이시니이다**

16 시몬 베드로가 대답하여 이르되 주는 그리스도이시요 살아계신
하나님의 아들이시니이다
17 예수께서 대답하여 이르시되 바요나 시몬아 네가 복이 있도다 이
를 네게 알게 한 이는 혈육이 아니요 하늘에 계신 내 아버지시니라
(마16:15~17)

■ 나사렛 예수 그리스도의 이름으로 걸으라

6 베드로가 이르되 은과 금은 내게 없거니와 내게 있는 이것을 네게
주노니 나사렛 예수 그리스도의 이름으로 일어나 걸으라 하고
7 오른손을 잡아 일으키니 발과 발목이 곧 힘을 얻고
8 뛰어 서서 걸으며 그들과 함께 성전으로 들어가면서 걷기도 하고
뛰기도 하며 하나님을 찬송하니 (행3:6~8)

9.

계명을 지키라

- **예수께서 이르시되 네 마음을 다하고 목숨을 다하고**
- **뜻을 다하여 주 너의 하나님을 사랑하라**

37 예수께서 이르시되 네 마음을 다하고 목숨을 다하고 뜻을 다하여
주 너의 하나님을 사랑하라 하셨으니
38 이것이 크고 첫째 되는 계명이요

- **둘째도 그와 같으니 네 이웃을 네 자신같이 사랑하라**

39 둘째도 그와 같으니 네 이웃을 네 자신같이 사랑하라 하셨으니
40 이 두 계명이 온 율법과 선지자의 강령이니라 (마22:37~40)

- **자녀들아 주 안에서 너희 부모님께 순종하라**

1 자녀들아 주 안에서 너희 부모님께 순종하라 이것이 옳으니라

- **네 아버지와 어머니를 공경하라**

2 네 아버지와 어머니를 공경하라 이것은 약속이 있는 첫 계명이니
3 이로써 네가 잘되고 땅에서 장수하리라 (엡6:1~3)

- **새 계명을 너희에게 주노니 서로 사랑하라**
- **내가 너희를 사랑한 것같이 너희도 서로 사랑하라**

34 새 계명을 너희에게 주노니 서로 사랑하라 내가 너희를 사랑한 것같이 너희도 서로 사랑하라
35 너희가 서로 사랑하면 이로써 모든 사람이 너희가 내 제자인 줄 알리라 (요13:34~35)

7 사랑하는 자들아 내가 새 계명을 너희에게 쓰는 것이 아니라 너희가 처음부터 가진 옛 계명이니 이 옛 계명은 너희가 들은 바 말씀이거니와,

- **그의 계명을 지키지 아니하는 자는 거짓말하는 자요**

4 그를 아노라 하고 그의 계명을 지키지 아니하는 자는 거짓말하는 자요 진리가 그 속에 있지 아니하되

- **누구든지 그의 말씀을 지키는 자는 하나님의 사랑이 참으로**
- **그 속에서 온전하게 되었나니**
- **이로써 우리가 그의 안에 있는 줄을 아느니라**

5 누구든지 그의 말씀을 지키는 자는 하나님의 사랑이 참으로 그 속에서 온전하게 되었나니 이로써 우리가 그의 안에 있는 줄을 아노라,

- **오직 어린 양의 생명책에 기록된 자들만 들어가리라**

27 무엇이든지 속된 것이나 가증한 일 또는 거짓말하는 자는 결코 그리로 들어가지 못하되 오직 어린 양의 생명책에 기록된 자들만 들어가리라 (요일2:4~5, 계21:27)

10.

성령이 하나 되게 하신 것을 힘써 지키라

- **너희가 부르심을 받은 일에 합당하게 행하여**

1 〈성령이 하나되게 하신 것〉 그러므로 주 안에서 갇힌 내가 너희를 권하노니 너희가 부르심을 받은 일에 합당하게 행하여

- **모든 겸손과 온유로 하고 오래 참음으로 사랑 가운데서**
- **서로 용납하고 평안의 매는 줄로**
- **성령이 하나 되게 하신 것을 힘써 지키라**[6]

2 모든 겸손과 온유로 하고 오래 참음으로 사랑 가운데서 서로 용납하고

3 평안의 매는 줄로 성령이 하나 되게 하신 것을 힘써 지키라

- **몸이 하나요 성령도 한 분이시니 이와 같이**
- **너희가 부르심의 한 소망 안에서 부르심을 받았느니라**

4 몸이 하나요 성령도 한 분이시니 이와 같이 너희가 부르심의 한 소
망 안에서 부르심을 받았느니라
5 주도 한 분이시요 믿음도 하나요 세례도 하나요
6 하나님도 한 분이시니 곧 만유의 아버지시라 만유 위에 계시고 만
유를 통일하시고 만유 가운데 계시도다
7 우리 각 사람에게 그리스도의 선물의 분량대로 은혜를 주셨나니
8 그러므로 이르기를 그가 위로 올라가실 때에 사로잡혔던 자들을
사로잡으시고 사람들에게 선물을 주셨다 하였도다
9 올라가셨다 하였은즉 땅 아래 낮은 곳으로 내리셨던 것이 아니면
무엇이냐
10 내리셨던 그가 곧 모든 하늘 위에 오르신 자니 이는 만물을 충만
하게 하려 하심이라
11 그가 어떤 사람은 사도로, 어떤 사람은 선지자로, 어떤 사람은 복
음 전하는 자로, 어떤 사람은 목사와 교사로 삼으셨으니
12 이는 성도를 온전하게 하여 봉사의 일을 하게 하며 그리스도의
몸을 세우려 하심이라 (엡4:1~12)
13 우리가 다 하나님의 아들을 믿는 것과 아는 일에 하나가 되어 온
전한 사람을 이루어 그리스도의 장성한 분량이 충만한 데까지 이르
리니
14 이는 우리가 이제부터 어린아이가 되지 아니하여 사람의 속임수
와 간사한 유혹에 빠져 온갖 교훈의 풍조에 밀려 요동하지 않게 하
려 함이라

15 오직 사랑 안에서 참된 것을 하여 범사에 그에게까지 자랄지라 그는 머리니 곧 그리스도라 (엡4:1~15)

- **우리와 같이 그들도 하나가 되게 하옵소서**

나는 세상에 더 있지 아니하오나 그들은 세상에 있사옵고 나는 아버지께로 가옵나니 거룩하신 아버지여 내게 주신 아버지의 이름으로 그들을 보전하사 우리와 같이 그들도 하나가 되게 하옵소서 (요17:11)

- **그리스도 예수 안에서 하나이니라**

너희는 유대인이나 헬라인이나 종이나 자유인이나 남자나 여자나 다 그리스도 예수 안에서 하나이니라 (갈3:28)

- **오직 너희는 그리스도의 복음에 합당하게 생활하라**

27 오직 너희는 그리스도의 복음에 합당하게 생활하라 이는 내가 너희에게 가 보나 떠나 있으나 너희가 한마음으로 서서 한뜻으로 복음의 신앙을 위하여 협력하는 것과

28 무슨 일에든지 대적하는 자들 때문에 두려워하지 아니하는 이 일을 듣고자 함이라 이것이 그들에게는 멸망의 증거니 이는 하나님께로부터 난 것이라 (빌2:27~28)

11.

거룩하라

- **내가 거룩하니 너희도 거룩할지어다**

나는 너희의 하나님이 되려고 너희를 애굽 땅에서 인도하여 낸 여호와라 내가 거룩하니 너희도 거룩할지어다 (레11:45)

- **계명을 기억하고 행하면 너희의 하나님 앞에 거룩하리라**

그리하여 너희가 내 모든 계명을 기억하고 행하면 너희의 하나님 앞에 거룩하리라 (민15:40)

- **그들을 진리로 거룩하게 하옵소서 아버지의 말씀은 진리니이다**

그들을 진리로 거룩하게 하옵소서 아버지의 말씀은 진리니이다 (요17:17)

15 오직 너희를 부르신 거룩한 이처럼 너희도 모든 행실에 거룩한 자가 되라

■ **내가 거룩하니 너희도 거룩할지어다**

16 기록되었으되 내가 거룩하니 너희도 거룩할지어다 (벧전1:15~16)

그런즉 사랑하는 자들아 이 약속을 가진 우리는 하나님을 두려워하는 가운데서 거룩함을 온전히 이루어 육과 영의 온갖 더러운 것에서 깨끗하게 하자 (고후7:1)

22 악은 어떤 모양이라도 버리라

■ **평강의 하나님이 너희를 온전히 거룩하게 하시고**

■ **그리스도께서 강림하실 때에 흠 없게 보전 되기를 원하노라**

23 평강의 하나님이 친히 너희를 온전히 거룩하게 하시고 또 너희의 온 영과 혼과 몸이 우리 주 예수 그리스도께서 강림하실 때에 흠 없게 보전되기를 원하노라 (살전5:22~23)

■ **너희 지체를 의에게 종으로 내주어 거룩함에 이르라**

19 너희 육신이 연약하므로 내가 사람의 예대로 말하노니 전에 너희가 너희 지체를 부정과 불법에 내주어 불법에 이른 것같이 이제는 너희 지체를 의에게 종으로 내주어 거룩함에 이르라

20 너희가 죄의 종이 되었을 때에는 의에 대하여 자유로웠느니라

21 너희가 그때에 무슨 열매를 얻었느냐 이제는 너희가 그 일을 부끄러워하나니 이는 그 마지막이 사망임이라

22 그러나 이제는 너희가 죄로부터 해방되고 하나님께 종이 되어 거룩함에 이르는 열매를 맺었으니 그 마지막은 영생이라

23 죄의 삯은 사망이요 하나님의 은사는 그리스도 예수 우리 주 안에 있는 영생이니라 (롬6:19~23)

12.

하나님은 빛이시라

● 하나님은 빛이시라

- **하나님은 빛이시라 그에게는 어둠이 조금도 없으시다**

5 우리가 그에게서 듣고 너희에게 전하는 소식은 이것이니 곧 하나
님은 빛이시라 그에게는 어둠이 조금도 없으시다는 것이니라

- **만일 우리가 하나님과 사귐이 있다 하고 어둠에 행하면**
- **거짓말을 하고 진리를 행하지 아니함이거니와**

6 만일 우리가 하나님과 사귐이 있다 하고 어둠에 행하면 거짓말을
하고 진리를 행하지 아니함이거니와

- **그가 빛 가운데 계신 것같이 우리도 빛 가운데 행하면**
- **우리가 서로 사귐이 있고 그 아들 예수의 피가**
- **우리를 모든 죄에서 깨끗하게 하실 것이요**

7 그가 빛 가운데 계신 것같이 우리도 빛 가운데 행하면 우리가 서로

사귐이 있고 그 아들 예수의 피가 우리를 모든 죄에서 깨끗하게 하실 것이요

- **만일 우리가 죄가 없다고 말하면 스스로 속이고**
- **또 진리가 우리 속에 있지 아니할 것이요**

8 만일 우리가 죄가 없다고 말하면 스스로 속이고 또 진리가 우리 속에 있지 아니할 것이요

- **만일 우리가 우리 죄를 자백하면 그는 미쁘시고 의로우사 우리**
- **죄를 사하시며 우리를 모든 불의에서 깨끗하게 하실 것이요**

9 만일 우리가 우리 죄를 자백하면 그는 미쁘시고 의로우사 우리 죄를 사하시며 우리를 모든 불의에서 깨끗하게 하실 것이요

- **만일 우리가 범죄하지 아니하였다 하면 하나님을**
- **거짓말하는 이로 만드는 것이니**
- **또한 그의 말씀이 우리 속에 있지 아니하리라**

10 만일 우리가 범죄하지 아니하였다 하면 하나님을 거짓말하는 이로 만드는 것이니 또한 그의 말씀이 우리 속에 있지 아니하리라 (요일1:5~10)

13.

하나님은 사랑이시다

■ **사랑하는 자들아 우리가 서로 사랑하자**

■ **사랑은 하나님께 속한 것이니**

■ **사랑하는 자마다 하나님으로부터 나서 하나님을 알고**

7 사랑하는 자들아 우리가 서로 사랑하자 사랑은 하나님께 속한 것
이니 사랑하는 자마다 하나님으로부터 나서 하나님을 알고

■ **사랑하지 아니하는 자는 하나님을 알지 못하나니**

■ **이는 하나님은 사랑이심이라**

8 사랑하지 아니하는 자는 하나님을 알지 못하나니 이는 하나님은
사랑이심이라

9 하나님의 사랑이 우리에게 이렇게 나타난 바 되었으니 하나님이
자기의 독생자를 세상에 보내심은 그로 말미암아 우리를 살리려 하
심이라

- **사랑은 여기 있으니 하나님이 우리를 사랑하사 우리**
- **죄를 속하기 위하여 화목제물로 그 아들을 보내셨음이라**

10 사랑은 여기 있으니 우리가 하나님을 사랑한 것이 아니요 하나님
이 우리를 사랑하사 우리 죄를 속하기 위하여 화목제물로 그 아들을
보내셨음이라

11 사랑하는 자들아 하나님이 이같이 우리를 사랑하셨은즉 우리도
서로 사랑하는 것이 마땅하도다

- **만일 우리가 서로 사랑하면 하나님이 우리 안에 거하시고**
- **그의 사랑이 우리 안에 온전히 이루어지느니라**

12 어느 때나 하나님을 본 사람이 없으되 만일 우리가 서로 사랑하
면 하나님이 우리 안에 거하시고 그의 사랑이 우리 안에 온전히 이
루어지느니라

- **그의 성령을 우리에게 주시므로 우리가 그 안에 거하고**
- **그가 우리 안에 거하시는 줄을 아느니라**

13 그의 성령을 우리에게 주시므로 우리가 그 안에 거하고 그가 우
리 안에 거하시는 줄을 아느니라

14 아버지가 아들을 세상의 구주로 보내신 것을 우리가 보았고 또
증언하오니

- **누구든지 하나님의 아들을 예수라 시인하면 하나님이**
- **그의 안에 거하시고 그도 하나님 안에 거하느니라**

15 누구든지 하나님의 아들을 예수라 시인하면 하나님이 그의 안에
거하시고 그도 하나님 안에 거하느니라

- **하나님이 우리를 사랑하시는 사랑을 우리가 알고**
- **믿었노니 하나님은 사랑이시라 사랑 안에 거하는 자는**
- **하나님 안에 거하고 하나님도 그의 안에 거하시느니라**

16 하나님이 우리를 사랑하시는 사랑을 우리가 알고 믿었노니 하나
님은 사랑이시라 사랑 안에 거하는 자는 하나님 안에 거하고 하나님
도 그의 안에 거하시느니라
17 이로써 사랑이 우리에게 온전히 이루어진 것을 우리로 심판 날에
담대함을 가지게 하려 함이니 주께서 그러하심과 같이 우리도 이 세
상에서 그러하니라
18 사랑 안에 두려움이 없고 온전한 사랑이 두려움을 내쫓나니 두려
움에는 형벌이 있음이라 두려워하는 자는 사랑 안에서 온전히 이루
지 못하였느니라
19 우리가 사랑함은 그가 먼저 우리를 사랑하셨음이라
20 누구든지 하나님을 사랑하노라 하고 그 형제를 미워하면 이는 거
짓말하는 자니 보는 바 그 형제를 사랑하지 아니하는 자는 보지 못
하는 바 하나님을 사랑할 수 없느니라
21 우리가 이 계명을 주께 받았나니 하나님을 사랑하는 자는 또한 그
형제를 사랑할지니라 (요일4:7~21)

14.

대언자이신 예수 그리스도

■ **우리에게 대언자가 있으니 곧 의로우신 예수 그리스도시라**

1 나의 자녀들아 내가 이것을 너희에게 씀은 너희로 죄를 범하지 않게 하려 함이라 만일 누가 죄를 범하여도 아버지 앞에서 우리에게 대언자가 있으니 곧 의로우신 예수 그리스도시라

2 그는 우리 죄를 위한 화목제물이니 우리만 위할 뿐 아니요 온 세상의 죄를 위하심이라

■ **우리가 그의 계명을 지키면**

■ **이로써 우리가그를 아는 줄로 알 것이요**

3 우리가 그의 계명을 지키면 이로써 우리가 그를 아는 줄로 알 것이요

■ **그를 아노라 하고 그의 계명을 지키지 아니하는 자는**

■ **거짓말하는 자요 진리가 그 속에 있지 아니하되**

4 그를 아노라 하고 그의 계명을 지키지 아니하는 자는 거짓말하는
자요 진리가 그 속에 있지 아니하되

- **누구든지 그의 말씀을 지키는 자는 하나님의 사랑이**
- **참으로 그 속에서 온전하게 되었나니**
- **이로써 우리가 그의 안에 있는 줄을 아노라**

5 누구든지 그의 말씀을 지키는 자는 하나님의 사랑이 참으로 그 속
에서 온전하게 되었나니 이로써 우리가 그의 안에 있는 줄을 아노라
6 그의 안에 산다고 하는 자는 그가 행하시는 대로 자기도 행할지니
라 (요일2:1~6)

15.

아들의 권한

19 그러므로 예수께서 그들에게 이르시되 내가 진실로 진실로 너희
에게 이르노니 아들이 아버지께서 하시는 일을 보지 않고는 아무것
도 스스로 할 수 없나니 아버지께서 행하시는 그것을 아들도 행하느
니라
20 아버지께서 아들을 사랑하사 자기가 행하시는 것을 다 아들에게
보이시고 또 그보다 더 큰 일을 보이사 너희로 놀랍게 여기게 하시
리라
21 아버지께서 죽은 자들을 일으켜 살리심같이 아들도 자기가 원하
는 자들을 살리느니라
22 아버지께서 아무도 심판하지 아니하시고 심판을 다 아들에게 맡
기셨으니
23 이는 모든 사람으로 아버지를 공경하는 것같이 아들을 공경하게

하려 하심이라 아들을 공경하지 아니하는 자는 그를 보내신 아버지
도 공경하지 아니하느니라
24 내가 진실로 진실로 너희에게 이르노니 내 말을 듣고 또 나 보내
신 이를 믿는 자는 영생을 얻었고 심판에 이르지 아니하나니 사망에
서 생명으로 옮겼느니라
25 진실로 진실로 너희에게 이르노니 죽은 자들이 하나님의 아들의
음성을 들을 때가 오나니 곧 이때라 듣는 자는 살아나리라
26 아버지께서 자기 속에 생명이 있음같이 아들에게도 생명을 주어
그 속에 있게 하셨고
27 또 인자됨으로 말미암아 심판하는 권한을 주셨느니라
28 이를 놀랍게 여기지 말라 무덤 속에 있는 자가 다 그의 음성을 들
을 때가 오나니
29 선한 일을 행한 자는 생명의 부활로, 악한 일을 행한 자는 심판의
부활로 나오리라 (요5:19~29)

16.

내 영을 만민에게 부어 주리니

● 내 영을 만민에게 부어 주리니

28 그후에 내가 내 영을 만민에게 부어 주리니 너희 자녀들이 장래
일을 말할 것이며 너희 늙은 이는 꿈을 꾸며 너희 젊은 이는 이상을
볼 것이며

29 그때에 내가 또 내 영을 남종과 여종에게 부어 줄 것이며

30 내가 이적을 하늘과 땅에 베풀리니 곧 피와 불과 연기 기둥이라*

* 19 천사가 낫을 땅에 휘둘러 땅의 포도를 거두어 하나님의 진노의
큰 포도주 틀에 던지매

20 성 밖에서 그 틀이 밟히니 틀에서 피가나서 말 굴레에까지 닿았고 천
육백 스다디온에 퍼졌더라 (계14:19~20)

9 또 다른 천사 곧 셋째가 그 뒤를 따라 큰 음성으로 이르되 만일 누구든
지 짐승과 그의 우상에게 경배하고 이마에나 손에 표를 받으면

10 그도 하나님의 진노의 포도주를 마시리니 그 진노의 잔에 섞인 것이

없이 부은 포도주라 거룩한 천사들 앞과 어린 양 앞에서 불과 유황으로 고난을 받으리니

11 그 고난의 연기가 세세토록 올라가리로다 짐승과 그의 우상에게 경배하고 그의 이름표를 받는 자는 누구든지 밤낮 쉼을 얻지 못하리라 하더라 (계14:9~11)

31 여호와의 크고 두려운 날이 이르기 전에 해가 어두워지고 달이 핏빛같이 변하려니와*

* 내가 보니 여섯째 인을 떼실 때에 큰 지진이 나며 해가 검은 털로 짠 상복같이 검어지고 달은 온통 피같이 되며 (계6:12)

32 누구든지 여호와의 이름을 부르는 자는 구원을 얻으리니 이는 나 여호와의 말대로 시온 산과 예루살렘에서 피할 자가 있을 것임이요 남은 자 중에 나 여호와의 부름을 받을 자가 있을 것임이니라 (요엘 2:28~32)

● 배에서 생수의 강이 흘러나오리라

37 명절 끝날 곧 큰 날에 예수께서 서서 이르시되 누구든지 목마르거든 내게로 와서 마시라

- **나를 믿는 자는 성경에 이름과 같이**
- **그 배에서 생수의 강이 흘러나오리라**

38 나를 믿는 자는 성경에 이름과 같이 그 배에서 생수의 강이 흘러나오리라 하시니

- **이는 그를 믿는 자들이 받을 성령을 가르켜 말씀하신 것이라**

39 이는 그를 믿는 자들이 받을 성령을 가리켜 말씀하신 것이라 (예

수께서 아직 영광을 받지 않으셨으므로 성령이 아직 그들에게 계시지 아니하시더라) (요7:37~39)

■ **사마리아 여자와 말씀하시다**

10 예수께서 대답하여 이르시되 네가 만일 하나님의 선물과 또 네게 물 좀 달라하는 이가 누구인 줄 알았더라면 네가 그에게 구하였을 것이요 그가 생수를 네게 주었으리라,

■ **내가 주는 물은 그 속에서 영생하도록 솟아나는 샘물이 되리라**

14 내가 주는 물을 마시는 자는 영원히 목마르지 아니하리니 내가 주는 물은 그 속에서 영생하도록 솟아나는 샘물이 되리라,

23 아버지께 참되게 예배하는 자들은 영과 진리로 예배할 때가 오나니 곧 이때라 아버지께서는 자기에게 이렇게 예배하는 자들을 찾으시느니라

■ **하나님은 영이시니 예배하는 자가 영과 진리로 예배할지니라**

24 하나님은 영이시니 예배하는 자가 영과 진리로 예배할지니라* (요4:10, 14, 23~24)

■ **하나님의 성령으로 봉사하며 그리스도 예수로 자랑하고**

* 하나님의 성령으로 봉사하며 그리스도 예수로 자랑하고 육체를 신뢰하지 아니하는 우리가 곧 할례파라 (빌3:3)

6 또 내게 말씀하시되 이루었도다 나는 알파와 오메가요 처음과 마지막이라 내가 생명수 샘물을 목마른 자에게 값없이 주리니

7 이기는 자는 이것들을 상속으로 받으리라 나는 그의 하나님이 되고 그는 내 아들이 되리라 (계22:6~7)

● 지혜와 계시의 영을 너희에게 주사

17 우리 주 예수 그리스도의 하나님, 영광의 아버지께서 지혜와 계
시의 영을 너희에게 주사 하나님을 알게 하시고
18 너희 마음의 눈을 밝히사 그의 부르심의 소망이 무엇이며 성도
안에서 그 기업의 영광의 풍성함이 무엇이며
19 그의 힘의 위력으로 역사하심을 따라 믿는 우리에게 베푸신 지극
히 크심이 어떠한 것을 알게 하시기를 구하노라
20 그의 능력이 그리스도 안에서 역사하사 죽은 자들 가운데서 다시
살리시고 하늘에서 자기의 오른편에 앉히사
21 모든 통치와 권세와 능력과 주관과 이 세상뿐 아니라 오는 세상
에 일컫는 모든 이름 위에 뛰어나게 하시고
22 또 만물을 그의 발 아래에 복종하게 하시고 그를 만물 위에 교회
의 머리로 삼으셨느니라
23 교회는 그의 몸이니 만물 안에서 만물을 충만하게 하시는 이의
충만함이니라 (엡1:17~23)

● 영광의 영

너희가 그리스도의 이름으로 치욕을 당하면 복 있는 자로다 영광의 영 곧 하나님의 영이 너희 위에 계심이라 (벧전4:14)

● 진리의 성령이 오시면

13 그러나 진리의 성령이 오시면 그가 너희를 모든 진리 가운데로

인도하시리니 그가 스스로 말하지 않고 오직 들은 것을 말하며 장래
일을 너희에게 알리시리라
14 그가 내 영광을 나타내리니 내 것을 가지고 너희에게 알리시겠음
이라
15 무릇 아버지께 있는 것은 다 내 것이라 그러므로 내가 말하기를
그가 내 것을 가지고 너희에게 알리시리라 하였노라 (요16:13~15)

● 진리의 성령이 오실 때에

26 내가 아버지께로부터 너희에게 보낼 보혜사 곧 아버지께로부터
나오시는 진리의 성령이 오실 때에 그가 나를 증언하실 것이요
27 너희도 처음부터 나와 함께 있었으므로 증언하느니라 (요15:26)

● 보혜사

25 내가 아직 너희와 함께 있어서 이 말을 너희에게 하였거니와
26 보혜사 곧 아버지께서 내 이름으로 보내실 성령 그가 너희에게
모든 것을 가르치고 내가 너희에게 말한 모든 것을 생각나게 하리라
(요14:25~26)

● 성결의 영

4 성결의 영으로는 죽은 자들 가운데서 부활하사 능력으로 하나님
의 아들로 선포되셨으니 곧 우리 주 예수 그리스도시니라*

* 무릇 하나님의 영으로 인도함을 받는 사람은 곧 하나님의 아들이라

5 그로 말미암아 우리가 은혜와 사도의 직분을 받아 그의 이름을 위
하여 모든 이방인 중에서 믿어 순종하게 하나니
6 너희도 그들 중에서 예수 그리스도의 것으로 부르심을 받은 자니라
7 로마에서 하나님의 사랑하심을 받고 성도로 부르심을 받은 모든
자에게 하나님 우리 아버지와 주 예수 그리스도로부터 은혜와 평강
이 있기를 원하노라 (롬1:4~7)

●예언의 영

내가 그 발 앞에 엎드려 경배하려 하니 그가 나에게 말하기를 나는 너와 및 예수의 증언을 받은 네 형제들과 같이 된 종이니 삼가 그리하지 말고 오직 하나님께 경배하라 예수의 증언은 예언의 영이라 하더라 (계19:10)

● 예수의 영

기록된 바 첫 사람 아담은 생령이 되었다 함과 같이 마지막 아담은 살려 주는 영이 되었나니 (고전15:45)*

* 내 아버지의 뜻은 아들을 보고 믿는 자마다 영생을 얻는 이것이니 마지막 날에 내가 이를 다시 살리리라 하시니라 (요6:40)

살리는 것은 영이니 육은 무익하니라 내가 너희에게 이른 말은 영이요 생명이라 (요6:63)

무시아 앞에서 이르러 비두니아로 가고자 애쓰되 예수의 영이 허락하지 아니하시느니라 (행16:7)

너희가 아들이므로 하나님이 그 아들의 영을 우리 마음 가운데 보내사 아빠 아버지라 부르게 하셨느니라 (갈4:6)

● 여호와께서 부리시는 악령

14 여호와의 영이 사울에게서 떠나고 여호와께서 부리시는 악령이
그를 번뇌하게 한지라,
23 하나님께서 부리시는 악령이 사울에게 이를 때에 다윗이 수금을
들고 와서 손으로 탄즉 사울이 상쾌하여 낫고 악령이 그에게서 떠나
더라 (삼상16:14, 23)

제2부

산 소망

1.

산 소망

- 우리 주 예수 그리스도의 아버지 하나님을 찬송하리로다
- 예수 그리스도를 죽은 자 가운데서 부활하게 하심으로
- 말미암아 우리를 거듭나게 하사 산 소망이 있게 하시며

3 우리 주 예수 그리스도의 아버지 하나님을 찬송하리로다 그의 많
으신 긍휼대로 예수 그리스도를 죽은 자 가운데서 부활하게 하심으
로 말미암아 우리를 거듭나게 하사 산 소망이 있게 하시며
4 썩지 않고 더럽지 않고 쇠하지 아니하는 유업을 잇게 하시나니 곧
너희를 위하여 하늘에 간직하신 것이라

- 너희는 말세에 나타나기로 예비하신 구원을 얻기 위하여
- 하나님의 능력으로 보호하심을 받았느니라

5 너희는 말세에 나타나기로 예비하신 구원을 얻기 위하여 하나님
의 능력으로 보호하심을 받았느니라
6 그러므로 너희가 이제 여러가지 시험으로 말미암아 잠깐 근심하
게 되지 않을 수 없으나 오히려 크게 기뻐하는도다

- 너희 믿음의 확실함은 불로 연단하여도 없어질 금보다
- 더 귀하여 예수 그리스도께서 나타나실 때에
- 칭찬과 영광과 존귀를 얻게 할 것이니라

7 너희 믿음의 확실함은 불로 연단하여도 없어질 금보다 더 귀하여
예수 그리스도께서 나타나실 때에 칭찬과 영광과 존귀를 얻게 할 것
이니라
8 예수를 너희가 보지 못하였으나 사랑하는도다 이제도 보지 못하
나 믿고 말할 수 없는 영광스러운 즐거움으로 기뻐하니

- 믿음의 결국 곧 영혼의 구원을 받음이라

9 믿음의 결국 곧 영혼의 구원을 받음이라
10 이 구원에 대하여는 너희에게 임할 은혜를 예언하던 선지자들이
연구하고 부지런히 살펴서

- 자기 속에 계신 그리스도의 영이 그 받으실 고난과
- 후에 받으실 영광을 미리 증언하여
- 누구를 또한 어떠한 때를 지시하는지 상고하니라

11 자기 속에 계신 그리스도의 영이 그 받으실 고난과 후에 받으실
영광을 미리 증언하여 누구를 또는 어떠한 때를 지시하시는지 상고
하니라
12 이 섬긴 바가 자기를 위한 것이 아니요 너희를 위한 것임이 계시
로 알게 되었으니 이것은 하늘로부터 보내실 성령을 힘입어 복음을
전하는 자들로 이제 너희에게 알린 것이요 천사들도 살펴보기를 원
하는 것이니라 (벧전1:3~12)

2.

물과 성령으로 나지 아니하면 하나님의 나라에 들어갈 수 없느니라

- **물과 성령으로 나지 아니하면 하나님의 나라에 들어갈 수 없느니라**

5 예수께서 대답하시되 진실로 진실로 네게 이르노니 사람이 물과 성령으로 나지 아니하면 하나님의 나라에 들어갈 수 없느니라 (요3:5)

- **물은 예수 그리스도께서 부활하심으로 말미암아**
- **이제 너희를 구원하는 표니 곧 세례라**

21 물은 예수 그리스도께서 부활하심으로 말미암아 이제 너희를 구원하는 표니 곧 세례라 이는 육체의 더러운 것을 제하여 버림이 아니요 하나님을 향한 선한 양심의 간구니라

22 그는 하늘에 오르사 하나님 우편에 계시니 천사들과 권세들과 능력들이 그에게 복종하느니라 (벧전3:21~22)

- **그 안에서 너희도 진리의 말씀 곧 너희의 구원의 복음을 듣고**
- **그 안에서 또한 믿어 약속의 성령으로 인치심을 받았으니**

그 안에서 너희도 진리의 말씀 곧 너희의 구원의 복음을 듣고 그 안에서 또한 믿어 약속의 성령으로 인치심을 받았으니 (엡1:13)

- **하나님의 성령을 근심하게 하지 말라**
- **그 안에서 너희가 구원의 날까지 인치심을 받았느니라**

하나님의 성령을 근심하게 하지 말라 그 안에서 너희가 구원의 날까지 인치심을 받았느니라 (엡4:30)

- **오직 그의 긍휼하심을 따라 중생의 씻음과**
- **성령의 새롭게 하심으로 하셨나니**

5 우리를 구원하시되 우리가 행한 바 의로운 행위로 말미암지 아니
하고 오직 그의 긍휼하심을 따라 중생의 씻음과 성령의 새롭게 하심
으로 하셨나니

- **우리 구주 예수 그리스도로 말미암아**
- **우리에게 그 성령을 풍성히 부어 주사**

6 우리 구주 예수 그리스도로 말미암아 우리에게 그 성령을 풍성히
부어 주사

- **우리로 그의 은혜를 힘입어 의롭다 하심을 얻어**
- **영생의 소망을 따라 상속자가 되게 하려 하심이라**

7 우리로 그의 은혜를 힘입어 의롭다 하심을 얻어 영생의 소망을 따
라 상속자가 되게 하려 하심이라 (딛3:5~7)

- **성결의 영으로는 죽은 자들 가운데서 부활하사 능력으로**
- **하나님의 아들로 선포되셨으니 우리 주 예수 그리스도시라**

성결의 영으로는 죽은 자들 가운데서 부활하사 능력으로 하나님의 아들로 선포되셨으니 곧 우리 주 예수 그리스도시라 (롬1:4)

- **무릇 하나님의 영으로 인도함을 받는 사람은**
- **곧 하나님의 아들이라**

무릇 하나님의 영으로 인도함을 받는 사람은 곧 하나님의 아들이라 (롬8:14)

6 육으로 난 것은 육이요 영으로 난 것은 영이니

7 내가 네게 거듭나야 하겠다 하는 말을 놀랍게 여기지 말라

- **성령으로 난 사람도 그러하니라**

8 바람이 임의로 불매 네가 그 소리는 들어도 어디서 와서 어디로 가는지 알지 못하나니 성령으로 난 사람도 다 그러하니라 (요3:5~8)

- **사람이 거듭나지 아니하면 하나님의 나라를 볼 수 없느니라**

예수께서 대답하여 이르시되 진실로 진실로 네게 이르노니 사람이 거듭나지 아니하면 하나님의 나라를 볼 수 없느니라 (요3:3)

- **너희가 거듭난 것은 하나님의 말씀으로 되었느니라.**

너희가 거듭난 것은 썩어질 씨로 된 것이 아니요 썩지 아니할 씨로 된 것이니 살아있고 항상 있는 하나님의 말씀으로 되었느니라 (벧전 1:23)

- **예수 그리스도를 죽은 자 가운데 부활하게 하심으로**
- **말미암아 우리를 거듭나게 하사 산 소망이 있게 하시며**

3 우리 주 예수 그리스도의 아버지 하나님을 찬송하리로다 그의 많으신 긍휼대로 예수 그리스도를 죽은 자 가운데서 부활하게 하심으로 말미암아 우리를 거듭나게 하사 산 소망이 있게 하시며

4 썩지 않고 더럽지 않고 쇠하지 아니하는 유업을 잇게 하시나니 곧 너희를 위하여 하늘에 간직하신 것이라

- **너희는 말세에 나타내기로 예비하신 구원을 얻기 위하여**
- **믿음으로 말미암아 하나님의 능력으로 보호하심을 받았느니라**

5 너희는 말세에 나타내기로 예비하신 구원을 얻기 위하여 믿음으로 말미암아 하나님의 능력으로 보호하심을 받았느니라 (벧전1:3~5)

4 그러므로 우리가 그의 죽으심과 합하여 세례를 받음으로 그와 함께 장사되었나니 이는 아버지의 영광으로 말미암아 그리스도를 죽은 자 가운데서 살리심과 같이 우리로 또한 새 생명 가운데서 행하게 하려 함이라

5 만일 우리가 그의 죽으심과 같은 모양으로 연합한 자가 되었으면 또한 그의 부활과 같은 모양으로 연합한 자도 되리라

6 우리가 알거니와 우리의 옛 사람이 예수와 함께 십자가에 못 박힌 것은 죄의 몸이 죽어 다시는 우리가 죄에게 종 노릇 하지 아니하려 함이니

7 이는 죽은 자가 죄에서 벗어나 의롭다 하심을 얻었음이라 (롬6:4~7)

▪ **너희가 세례로그리스도와 함께 장사되고**

너희가 세례로 그리스도와 함께 장사되고 또 죽은 자들 가운데서 그를 일으키신 하나님의 역사를 믿음으로 말미암아 그 안에서 함께 일으키심을 받았느니라 (골2:12)

▪ **누구든지 그리스도 안에 있으면 새로운 피조물이라**

그런즉 누구든지 그리스도 안에 있으면 새로운 피조물이라 이전 것은 지나갔으니 보라 새 것이 되었도다 (고후5:17)

▪ **나는 너희로 회개하기 위하여 물로 세례를 베풀거니와**

▪ **그는 성령과 불로 너희에게 세례를 베푸실 것이요**

나는 너희로 회개하게 하기 위하여 물로 세례를 베풀거니와 내 뒤에 오시는 이는 나보다 능력이 많으시니 나는 그의 신을 들기도 감당하지 못하겠노라 그는 성령과 불로 너희에게 세례를 베푸실 것이요 (마3:11)

16 예수께서 세례를 받으시고 곧 물에서 올라오실새 하늘이 열리고
하나님의 성령이 비둘기같이 내려 자기 위에 임하심을 보시더니
17 하늘로부터 소리가 있어 말씀하시되 이는 내 사랑하는 아들이요
내 기뻐하는 자라 하시니라 (마3:16~17)

13 들어가 그들이 유하는 다락방으로 올라가니 베드로, 요한, 야고보, 안드레와 빌립 도마와 바돌로매, 마태와 및 알패오의 아들 야고보, 셀롯인 시몬, 야고보의 아들 유다가 다 거기 있어

■ **더불어 마음을 같이하여 오로지 기도에 힘쓰더라**

14 여자들과 예수의 어머니 마리아와 예수의 아우들과 더불어 마음을 같이하여 오로지 기도에 힘쓰더라 (행1:13~14)

■ **말세에 내가 내 영을 모든 육체에 부어 주리니**

17 하나님이 말씀하시기를 말세에 내가 내 영을 모든 육체에 부어 주리니 너희의 자녀들은 예언할 것이요 너희의 젊은 이들은 환상을 보고 너희의 늙은 이들은 꿈을 꾸리라

18 그때에 내가 내 영을 내 남종과 여종들에게 부어 주리니 그들이 예언할 것이요

■ **또 내가 위로 하늘에서는 기사를**

■ **땅에서는 징조를 베풀리니 곧 피와 불과 연기로다**

19 또 내가 위로 하늘에서는 기사를 아래로 땅에서는 징조를 베풀리니 곧 피와 불과 연기로다

20 주의 크고 영화로운 날이 이르기 전에 해가 변하여 어두워지고 달이 변하여 피가 되리라

■ **누구든지 주의 이름을 부르는 자는 구원을 받으리라**

21 누구든지 주의 이름을 부르는 자는 구원을 받으리라 (행2:17~21)

3.

성령이 임하시다

1 오순절 날이 이미 이르매 그들이 다같이 한곳에 모였더니
2 홀연히 하늘로부터 급하고 강한 바람 같은 소리가 있어 그들이 앉
은 온 집에 가득하며
3 마치 불의 혀처럼 갈라지는 것들이 그들에게 보여 각 사람 위에 하
나씩 임하여 있더니
4 그들이 다 성령의 충만함을 받고 성령이 말하게 하심을 따라 다른
언어들로 말하기를 시작하니라
5 그때에 경건한 유대인들이 천하 각국으로부터 와서 예루살렘에
머물러 있더니
6 이 소리가 나매 큰 무리가 모여 각각 자기의 방언으로 제자들이 말
하는 것을 듣고 소동하여
7 다 놀라 신기하게 여겨 이르되 보라 이 말하는 사람들이 다 갈릴리

사람이 아니냐
8 우리가 우리 각 사람이 난 곳 방언으로 듣게 되는 것이 어찌 됨이
냐 (행2:1~8)

하나님이 오른손으로 예수를 높이시매 그가 약속하신 성령을 아버
지께 받아서 너희가 보고 듣는 이것을 부어 주셨느니라 (행2:33)

- **오직 성령이 너희에게 임하시면 너희가 권능을 받고**
- **땅끝까지 이르러 내 증인이 되리라**

오직 성령이 너희에게 임하시면 너희가 권능을 받고 예루살렘과 온 유대와 사마리아와 땅끝까지 이르러 내 증인이 되리라 하시니라 (행1:8)

● 베드로의 오순절 설교

32 이 예수를 하나님이 살리신지라 우리가 다 이 일에 증인이로다
33 하나님이 오른손으로 예수를 높이시매 그가 약속하신 설령을 아
버지께 받아서 너희가 보고 듣는 이것을 부어 주셨느니라
34 다윗은 하늘에 올라가지 못하였으나 친히 말하여 이르되 주께서
내 주에게 말씀하시기를
35 내가 네 원수로 네 발등상이 되게 하기까지 너는 내 우편에 앉아
있으라 하셨도다 하였으니
36 그런즉 이스라엘 온 집은 확실히 알지니 너희가 십자가에 못 박
은 이 예수를 하나님이 주와 그리스도가 되게 하셨느니라 하니라
37 그들이 이 말을 듣고 마음에 찔려 베드로와 다른 사도들에게 물

어 이르되 형제들아 우리가 어찌할꼬 하거늘

- **너희가 회개하여 각각 예수 그리스도의 이름으로 세례를**
- **받고 죄 사함을 받으라 그리하면 성령의 선물을 받으리니**

38 베드로가 이르되 너희가 회개하여 각각 예수 그리스도의 이름으
로 세례를 받고 죄 사함을 받으라 그리하면 성령의 선물을 받으리니
39 이 약속은 너희와 너희 자녀와 모든 먼 데 사람 곧 주 우리 하나
님이 얼마든지 부르시는 자들에게 하신 것이라 하고
40 또 여러 말로 확증하며 권하여 이르되 너희가 이 패역한 새대에
서 구원을 받으라 하니
41 그 말을 받은 사람들은 세례를 받으매 이날에 신도의 수가 삼천
이나 더하더라 (행2:32~41)

4.

성령을 힘입어 사도들이 병자를 고치며 담대히 하나님의 말씀을 전하니라

● 베드로와 요한이 못 걷게 된 이를 고치니

1 제구 시 기도 시간에 베드로와 요한이 성전에 올라갈새

2 나면서 못 걷게 된 이를 사람들이 메고오니 이는 성전에 들어가는
사람들에게 구걸하기 위하여 날마다 미문이라는 성전 문에 두는 자라

3 그가 베드로와 요한이 성전에 들어가려 함을 보고 구걸하거늘

4 베드로가 요한과 더불어 주목하여 이르되 우리를 보라 하니

5 그가 그들에게서 무엇을 얻을까 하여 바라보거늘

- **은과 금은 내게 없거니와 내게 있는 이것을 네게 주노니**
- **나사렛 예수 그리스도의 이름으로 일어나 걸으라 하고**

6 베드로가 이르되 은과 금은 내게 없거니와 내게 있는 이것을 네게
주노니 나사렛 예수 그리스도의 이름으로 일어나 걸으라 하고

7 오른손을 잡아 일으키니 발과 발목이 곧 힘을 얻고

8 뛰어 서서 걸으며 그들과 함께 성전으로 들어가면서 걷기도 하고
뛰기도 하며 하나님을 찬송하니 (행3:1~8)

14 너희가 거룩하고 의로운 이를 거부하고 도리어 살인한 사람을 놓
아주기를 구하여

15 생명의 주를 죽였도다 그러나 하나님이 죽은 자 가운데서 그를
살리셨으니 우리가 이 일에 증인이라

16 그 이름을 믿으므로 그 이름이 너희가 보고 아는 이 사람을 성하
게 하였나니 예수로 말미암아 난 믿음이 너희 모든 사람 앞에서 이
같이 완전히 낫게 하였느니라,

19 그러므로 너희가 회개하고 돌이켜 너희 죄 없이 함을 받으라 이같
이 하면 새롭게 되는 날이 주 앞으로부터 이를 것이요 (행3:14~16, 19)

● 베드로오 요한이 공회 앞에 서다

1 사도들이 백성에게 말할 때에 제사장들과 성전 맡은 자와 사두개
인들이 이르러

2 예수 안에 죽은 자들이 부활이 있다고 전함을 싫어하여

3 그들을 잡으매 날이 이미 저물었으므로 이튿날까지 가두었으나

4 말씀을 듣는 사람 중에 믿는 자가 많으니 남자의 수가 약 오천이나
되었더라

5 이튿날 관리들과 장로들과 서기관들이 예루살렘에 모였는데

6 대제사장 안나스와 가야바와 요한과 알렉산더와 및 대제사장의

문중이 다 참여하여
7 사도들을 가운데 세우고 묻되 너희가 무슨 권세와 누구의 이름으
로 이 일을 행하였느냐
8 이에 베드로가 성령이 충만하여 이르되 백성의 관리들과 장로들아
9 만일 병자에게 행한 착한 일에 대하여 이 사람이 어떻게 구원을 받
았느냐고 오늘 우리에게 질문한다면

- **나사렛 예수 그리스도의 이름으로 이 사람이 건강하게 되어**

10 너희와 모든 이스라엘 백성들은 알라 너희가 십자가에 못 박고
하나님이 죽은 자 가운데서 살리신 나사렛 예수 그리스도의 이름으
로 이 사람이 건강하게 되어 너희 앞에 섰느니라
11 이 예수는 너희 건축자들의 버린 돌로서 집 모퉁이의 머릿돌이 되
었느니라

- **다른 이로써는 구원을 받을 수 없나니 천하 사람 중에**
- **구원을 받을 만한 다른 이름을**
- **우리에게 주신 일이 없음이라 하였더라**

12 다른 이로써는 구원을 받을 수 없나니 천하 사람 중에 구원을 받
을 만한 다른 이름을 우리에게 주신 일이 없음이라 하였더라 (행
4:1~12)

● 한 마음으로 하나님께 기도하다

23 사도들이 놓이매 그 동료에게 가서 제사장들과 장로들의 말을 다
알리니
24 그들이 듣고 한마음으로 하나님께 소리를 높여 이르되 대주재여
천지와 바다와 그 가운데 만물을 지으신 이시요
25 또 주의 종 우리 조상 다윗의 입을 통하여 성령으로 말씀하시기
를 어찌하여 열방이 분노하며 족속들이 허사를 경영하였는고
26 세상의 군왕들이 나서며 관리들이 함께 모여 주와 그의 그리스도
를 대적하도다 하신 이로소이다
27 과연 헤롯과 본디오 빌라도는 이방인과 이스라엘 백성과 합세하
여 하나님께서 기름 부으신 거룩한 종 예수를 거슬러
28 하나님의 권능과 뜻대로 이루려고 예정하신 그것을 행하려고 그
성에 모였나이다

- **종들로 하여금 담대히 하나님의 말씀을 전하게 하여 주시오며**

29 주여 이제도 그들의 위협함을 굽어보시옵고 또 종들로 하여금 담
대히 하나님의 말씀을 전하게 하여 주시오며

- **손을 내밀어 병을 낫게 하시옵고 표적과 기사가**
- **거룩한 종 예수의 이름으로 이루어지게 하옵소서**

30 손을 내밀어 병을 낫게 하시옵고 표적과 기사가 거룩한 종 예수
의 이름으로 이루어지게 하옵소서 하더라

- **빌기를 다하매 모인 곳이 진동하더니 무리가 다**
- **성령이 충만하여 담대히 하나님의 말씀을 전하니라**

31 빌기를 다하매 모인 곳이 진동하더니 무리가 다 성령이 충만하여
담대히 하나님의 말씀을 전하니라 (행4:23~31)

● 아나니아와 삽비라

1 아나니아라 하는 사람이 그의 아내 삽비라와 더불어 소유를 팔아
2 그 값에서 얼마를 감추매 그 아내도 알더라 얼마만 가져다가 사도
들의 발 앞에 두니

- **어찌하여 사탄이 네 마음에 가득하여**
- **네가 성령을 속이고 땅값 얼마를 감추었느냐**

3 베드로가 이르되 아나니아야 어찌하여 사탄이 네 마음에 가득하
여 네가 성령을 속이고 땅값 얼마를 감추었느냐

- **사람에게 거짓말한 것이 아니요 하나님께로다**

4 땅이 그대로 있을 때에는 네 땅이 아니며 판 후에도 네 마음대로
할 수가 없더냐 어찌하여 이 일을 네 마음에 두었느냐 사람에게 거
짓말한 것이 아니요 하나님께로다
5 아나니아가 이 말을 듣고 엎드러져 혼이 떠나니 이 일을 듣는 사람
이 다 크게 두려워하더라
6 젊은 사람들이 일어나 시신을 싸서 메고 나가 장사하니라
7 세 시간쯤 지나 그의 아내가 그 일어난 일을 알지 못하고 들어오니
8 베드로가 이르되 그 땅 판 값이 이것뿐이냐 하더라

- **너희가 어찌 함께 꾀하여 주의 영을 시험하려 하느냐**

9 베드로가 이르되 너희가 어찌 함께 꾀하여 주의 영을 시험하려 하

느냐 보라 네 남편을 장사하고 오는 사람들의 발이 문 앞에 이르렀
으니 또 너를 메어 내가리라 하니
10 곧 그가 베드로의 발 앞에 엎드러져 혼이 떠나는지라 젊은 사람
들이 들어와 죽은 것을 보고 메어다가 그의 남편 곁에 장사하니
11 온 교회와 이 일을 듣는 사람들이 다 크게 두려워하니라 (행5:1~11)

● 사도들의 손을 통하여 민간에 표적과 기사가 많이 일어나매

12 사도들의 손을 통하여 민간에 표적과 기사가 많이 일어나매 믿는
사람이 다 마음을 같이 하여 솔로몬 행각에 모이고

- **백성이 칭송하더라**

13 그 나머지는 감히 그들과 상종하는 사람이 없으나 백성이 칭송하
더라

- **믿고 주께로 나아오는 자가 더 많으니**

14 믿고 주께로 나아오는 자가 더 많으니 남녀의 큰 무리더라
15 심지어 병든 사람을 메고 거리에 나가 침대와 요 위에 누이고 베
드로가 지날 때에 혹 그의 그림자라도 누구에게 덮일까 바라고

- **다 나음을 얻으니라**

16 예루살렘 부근의 수많은 사람들도 모여 병든 사람과 더러운 귀신
에게 괴로움 받는 사람을 데리고 와서 다 나음을 얻으니라 (행5:12~16)
17 〈사도들이 능욕을 받다〉 대제사장과 그와 함께 있는 사람 즉 사
두개인의 당파가 다 마음에 시기가 가득하여 일어나서
18 사도들을 잡아다가 옥에 가두었더니

- **주의 사자가 밤에 옥문을 열고 끌어내어 이르되**
- **가서 성전에 서서 이 생명의 말씀을 다 백성에게 말하라 하매**

19 주의 사자가 밤에 옥문을 열고 끌어내어 이르되

20 가서 성전에 서서 이 생명의 말씀을 다 백성에게 말하라 하매

21 그들이 듣고 새벽에 성전에 들어가서 가르치더니

28 이르되 우리가 이 이름으로 사람을 가르치지 말라고 언급하였으
되 너희가 너희 가르침을 예루살렘에 가득하게 하니 이 사람의 피를
우리에게로 돌리고자 함이로다

- **사람보다 하나님께 순종하는 것이 마땅하니라**

29 베드로와 사도들이 대답하여 이르되 사람보다 하나님께 순종하
는 것이 마땅하니라

30 너희가 나무에 달아 죽인 예수를 우리 조상의 하나님이 살리시고

31 이스라엘에게 회개함과 죄 사함을 주시려고 그를 오른손으로 높
이사 임금과 구주로 삼으셨느니라

- **우리는 이 일에 증인이요 하나님이 자기에게 순종하는**
- **사람들에게 주신 성령도 그러하니라 하더라**

32 우리는 이 일에 증인이요 하나님이 자기에게 순종하는 사람들에
게 주신 성령도 그러하니라 하더라 (행5:12~21, 28~32)

● 항상 성령을 거스르는도다

51 목이 곧고 마음과 귀에 할례를 받지 못한 사람들아 너희도 너희
조상과 같이 항상 성령을 거스르는도다

52 너희 조상들이 선지자들 중의 누구를 박해하지 아니하였느냐 의
인이 오시리라 예고한 자들을 그들이 죽였고 이제 너희는 그 의인을
잡아 준 자요 살인한 자가 되나니
53 너희는 천사가 전한 율법을 받고도 지키지 아니하였도다 하니라

- **스데반이 순교하다**

54 〈스데반이 순교하다〉 그들이 이 말을 듣고 마음에 찔려 그를 향
하여 이를 갈거늘

- **스데반이 성령 충만하여 하늘을 우러러 주목하여**
- **하나님의 영광과 및 예수께서 하나님 우편에 서신 것을 보고**

55 스데반이 성령 충만하여 하늘을 우러러 주목하여 하나님의 영광
과 및 예수께서 하나님 우편에 서신 것을 보고
56 말하되 보라 하늘이 열리고 인자가 하나님 우편에 서신 것을 보
노라 한대
57 그들이 큰 소리를 지르며 귀를 막고 일제히 그에게 달려들어
58 성 밖으로 내치고 돌로 칠새 증인들이 옷을 벗어 사울이라 하는
청년의 발 앞에 두니라

- **주 예수여 내 영혼을 받으시옵소서**

59 그들이 돌로 스데반을 치니 이르되 주 예수여 내 영혼을 받으시
옵소서 하고
60 무릎을 꿇고 크게 불러 이르되 주여 이 죄를 그들에게 돌리지 마
옵소서 이 말을 하고 자니라 (행7:51~60)

● 사울이 교회를 박해하다

- 그날에 예루살렘에 있는 교회에 큰 박해가 있어 사도
- 외에는 다 유대와 사마리아 모든 땅으로 흩어지니라

1 사울은 그가 죽임 당함을 마땅히 여기더라 그날에 예루살렘에 있
는 교회에 큰 박해가 있어 사도 외에는 다 유대와 사마리아 모든 땅
으로 흩어지니라

2 경건한 사람들이 스데반을 장사하고 위하여 크게 울더라

3 사울이 교회를 잔멸할새 각 집에 들어가 남녀를 끌어다가 옥에 넘
기니라

● 사마리아에 복음을 전하다

4 그 흩어진 사람이 두루 다니며 복음의 말씀을 전할새

5 빌립이 사마리아 성에 내려가 그리스도를 백성에게 전파하니

6 무리가 빌립의 말도 듣고 행하는 표적도 보고 한마음으로 그가 하
는 말을 따르더라

7 많은 사람에게 붙었던 더러운 귀신들이 크게 소리를 지르며 나가
고 많은 중풍병자와 못 걷는 사람이 나으니

8 그 성에 큰 기쁨이 있더라,

12 빌립이 하나님 나라와 및 예수 그리스도의 이름에 관하여 전도함
을 그들이 믿고 남녀가 다 세례를 받으니

13 시몬도 세례를 받은 후에 전심으로 빌립을 따라 다니며 그 나타
나는 표적과 큰 능력을 보고 놀라니라

14 예루살렘에 있는 사도들이 사마리아도 하나님의 말씀을 받았다
함을 듣고 베드로와 요한을 보내매
15 그들이 내려가서 그들을 위하여 성령 받기를 기도하니
16 이는 아직 한 사람에게도 성령 내리신 일이 없고 오직 주 예수의
이름으로 세례만 받을 뿐이더라
17 이에 두 사도가 그들에게 안수하매 성령을 받는지라
18 시몬이 사도들의 안수로 성령 받는 것을 보고 돈을 드려 (행
8:1~18)

● 빌립과 에디오피아 내시

26 주의 사자가 빌립에게 말하여 이르되 일어나서 남쪽으로 향하여
예루살렘에서 가사로 내려가는 길까지 가라 하니 그 길은 광야라
27 일어나 가서 보니 에디오피아 사람 곧 에디오피아 여왕 간다게
의 모든 국고를 맡은 관리인 내시가 예배하러 예루살렘에 왔다가
28 돌아가는데 수레를 타고 선지자 이사야의 글을 읽더라

- **성령이 빌립더러 이르시되 이 수레로 가까이 나아가라**

29 성령이 빌립더러 이르시되 이 수레로 가까이 나아가라 하시거늘
30 빌립이 달려가서 선지자 이사야의 글 읽는 것을 듣고 말하되 읽
는 것을 깨닫느냐
31 대답하되 지도해 주는 사람이 없으니 어찌 깨달을 수 있느냐 하
고 빌립을 청하여 수레에 올라 같이 앉으라 하니라
32 읽는 성경 구절은 이것이니 일렀으되 그가 도살자에게로 가는 양

과 같이 끌려갔고 털 깎는 자 앞에 있는 어린 양이 조용함과 같이 그
의 입을 열지 아니하였도다
33 그가 굴욕을 당했을 때 공정한 재판도 받지 못하였으니 누가 그
의 세대를 말하리요 그의 생명이 땅에서 빼앗김이로다 하였거늘
34 그 내시가 빌립에게 말하되 청컨대 내가 묻노니 선지자가 이 말
한 것이 누구를 가리킴이냐 자기를 가리킴이냐 타인을 가리킴이냐

▪ **예수를 가르쳐 복음을 전하니**

35 빌립이 입을 열어 이 글에서 시작하여 예수를 가르쳐 복음을 전
하니
36 길 가다가 물 있는 곳에 이르러 그 내시가 말하되 보라 물이 있으
니 내가 세례를 받음에 무슨 거리낌이 있느냐
38 이에 명하여 수레를 멈추고 빌립과 내시가 둘 다 물에 내려가 빌
립이 세례를 베풀고

▪ **둘이 물에서 올라올새 주의 영이 빌립을 이끌어간지라**

39 둘이 물에서 올라올새 주의 영이 빌립을 이끌어간지라 내시는 기
쁘게 길을 가므로 그를 다시 보지 못하니라
40 빌립은 아소도에 나타나 여러 성을 지나다니며 복음을 전하고
가이사랴에 이르니라 (행8:26~40)

● 사울이 회개하다

1 사울이 주의 제자들에 대하여 여전히 위협과 살기가 등등하여 대
제사장에게 가서

2 다메섹 여러 회당에 가져갈 공문을 청하니 이는 만일 그 도를 따르
는 사람을 만나면 남녀를 막론하고 결박하여 예루살렘으로 잡아오
려 함이라
3 사울이 길을 가다가 다메섹에 가까이 이르더니 홀연히 하늘로부
터 빛이 그를 둘러 비추는지라
4 땅에 엎드러져 들으매 소리가 있어 이르시되 사울아 사울아 네가
어찌하여 나를 박해하느냐 하시거늘
5 대답하되 주여 누구시니이까 이르시되 나는 네가 박해하는 예수라
6 너는 일어나 시내로 들어가라 네가 행할 것을 네게 이를 자가 있느
니라 하시니
7 같이 가던 사람들은 소리만 듣고 아무도 보지 못하여 말을 못하고
서 있더라
8 사울이 땅에서 일어나 눈은 떴으나 아무것도 보지 못하고 사람의
손에 끌려 다메섹으로 들어가서
9 사흘 동안 보지 못하고 먹지도 마시지도 아니하니라
10 그때에 다메섹에 아나니아라 하는 제자가 있더니 주께서 환상 중
에 불러 이르시되 아나니아야 하시거늘 대답하되 주여 내가 여기 있
나이다 하니
11 주께서 이르시되 일어나 직가라 하는 거리로 가서 유다의 집에서
다소 사람 사울이라 하는 사람을 찾으라 그가 기도하는 중이니라
12 그가 아나니아라 하는 사람이 들어와서 자기에게 안수하여 다시
보게 하는 것을 보았느니라 하시거늘

13 아나니아가 대답하되 주여 이 사람에 대하여 내가 여러 사람에게
듣사온즉 그가 예루살렘에서 주의 성도에게 적지 않은 해를 끼쳤다
하더니
14 여기서도 주의 이름을 부르는 모든 사람을 결박할 권한을 대제사
장들에게서 받았나이다 하거늘
15 주께서 이르시되 가라 이 사람은 내 이름을 이방인과 임금들과
이스라엘 자손들에게 전하기 위하여 택한 나의 그릇이라
16 그가 내 이름을 위하여 얼마나 고난을 받아야 할 것을 내가 그에
게 보이리라 하시니

- **그에게 안수하여 이르되 형제 사울아 주 곧 네가 오는**
- **길에서 나타나셨던 예수께서 나를 보내어 너로 다시**
- **보게 하시고 성령으로 충만하게 하신다 하니**

17 아나니아가 떠나 그 집에 들어가서 그에게 안수하여 이르되 형제
사울아 주 곧 네가 오는 길에서 나타나셨던 예수께서 나를 보내어
너로 다시 보게 하시고 성령으로 충만하게 하신다 하니

- **즉시 사울의 눈에서 비늘 같은 것이 벗어져**
- **다시 보게 된지라 일어나 세례를 받고 음식을 먹으매**

18 즉시 사울의 눈에서 비늘 같은 것이 벗어져 다시 보게 된지라 일
어나 세례를 받고
19 음식을 먹으매 강건하여지니라 (행9:1~19)

● 베드로가 중풍병자를 고치다

32 그때에 베드로가 사방으로 두루 다니다가 룻다에 사는 성도들에
게도 내려갔더니
33 거기서 애니아라 하는 사람을 만나매 그는 중풍병으로 침상 위에
누운 지 여덟 해라
34 베드로가 이르되 애니아야 예수 그리스도께서 너를 낫게 하시니
일어나 네 자리를 정돈하라 한대 곧 일어나니
35 룻다와 사론에 사는 사람들이 다 그를 보고 주께로 돌아오니라

● 베드로가 도르가를 살리다

36 욥바에 다비다라 하는 여제자가 있으니 그 이름을 번역하면 도르
가라 선행과 구제하는 일이 심히 많더니
37 그때에 병들어 죽으매 시체를 씻어 다락에 누이니라
38 룻다가 욥바에서 가까운지라 제자들이 베드로가 거기 있음을 듣
고 두 사람을 보내어 지체 말고 와 달라고 간청하여
39 베드로가 일어나 그들과 함께 가서 이르매 그들이 데리고 다락
방에 올라가니 모든 과부가 베드로 곁에 서서 울며 도르가가 그들과
함께 있을 때에 지은 속옷과 겉옷을 다 내보이거늘
40 베드로가 사람을 다 내보내고 무릎을 꿇고 기도하고 돌이켜 시
체를 향하여 이르되 다비다야 일어나라 하니 그가 눈을 떠 베드로를
보고 일어나 앉는지라
41 베드로가 손을 내밀어 일으키고 성도들과 과부들을 불러들여 그
가 살아난 것을 보이니

42 온 욥바 사람이 알고 많은 사람이 주를 믿더라 (행9:36~42)

● 고넬료가 베드로를 청하다

1 가이사랴에 고넬료라 하는 사람이 있으니 이달리야 부대라 하는
군대의 백부장이라
2 그가 경건하여 온 집안과 더불어 하나님을 경외하며 백성을 많이
구제하고 하나님께 항상 기도하더니
3 하루는 제구 시쯤 되어 환상 중에 밝히 보매 하나님의 사자가 들어
와 이르되 고넬료야 하니
4 고넬료가 주목하여 보고 두려워 이르되 주여 무슨 일이니이까 천
사가 이르되 네 기도와 구제가 하나님 앞에 상달되어 기억하신 바가
되었으니
5 네가 지금 사람들을 욥바에 보내어 베드로라 하는 시몬을 청하라
6 그는 무두장이 시몬의 집에 유숙하니 그 집은 해변에 있다 하더라
7 마침 말하던 천사가 떠나매 고넬료가 집안 하인들과 부하 가운데
경건한 사람 하나를 불러
8 이 일을 다 이르고 욥바로 보내니라
9 이튿날 그들이 길을 가다가 그 성에 가까이 갔을 그때에 베드로가
기도하려고 지붕에 올라가니 그 시각은 제육 시더라
10 그가 시장하여 먹고자 하매 사람들이 준비할 때에 황홀한 중에
11 하늘이 열리며 한 그릇이 내려오는 것을 보니 큰 보자기 같고 네
귀를 매어 땅에 드리웠더라

12 그 안에는 땅에 있는 각종 네 발 가진 짐승과 기는 것과 공중에 나
는 것들이 있더라
13 또 소리가 있으되 베드로야 일어나 잡아먹어라 하거늘
14 베드로가 이르되 주여 그럴 수 없나이다 속되고 깨끗하지 아니한
것을 내가 결코 먹지 아니하였나이다 한대
15 또 두 번째 소리가 있으되 하나님께서 깨끗하게 하신 것을 네가
속되다 하지 말라 하더라
16 이런 일이 세 번 있은 후 그 그릇이 곧 하늘로 올려져 가니라
17 베드로가 본 바 환상이 무슨 뜻인지 속으로 의아해 하더니 마침
고넬료가 보낸 사람들이 시몬의 집을 찾아 문밖에 서서
18 불러 묻되 베드로라 하는 시몬이 여기 유숙하느냐 하거늘

- **베드로가 그 환상에 대하여 생각할 때에**
- **성령께서 그에게 말씀하시되 두 사람이 너를 찾으니**

19 베드로가 그 환상에 대하여 생각할 때에 성령께서 그에게 말씀하
시되 두 사람이 너를 찾으니
20 일어나 내려가 의심하지 말고 함께 가라 내가 그들을 보내었느니
라 하시니
21 베드로가 내려가 그 사람들을 보고 이르되 내가 곧 너희가 찾는
사람인데 너희가 무슨 일로 왔느냐
22 그들이 대답하되 백부장 고넬료는 의인이요 하나님을 경외하는
사람이라 유대 온 족속이 칭찬하더니 그가 거룩한 천사의 지시를 받
아 당신을 그 집으로 청하여 말을 들으려 하느니라 한대
23 베드로가 불러들여 유숙하게 하니라 (행10:1~23)

● 베드로가 고넬료의 집에서 설교하다

29 부름을 사양하지 아니하고 왔노라 묻노니 무슨 일로 나를 불렀
느냐

- **내가 나흘 전 이맘때까지 내 집에서 제구 시 기도를**
- **하는데 갑자기 한 사람이 빛난 옷을 입고 내 앞에 서서**

30 고넬료가 이르되 내가 나흘 전 이맘때까지 내 집에서 제구 시 기
도를 하는데 갑자기 한 사람이 빛난 옷을 입고 내 앞에 서서
31 말하되 고넬료야 하나님이 네 기도를 들으시고 네 구제를 기억하
셨으니
32 사람을 욥바에 보내어 베드로라 하는 시몬을 청하라 그가 바닷가
무두장이 시몬의 집에 유숙하느니라 하시기로
33 내가 곧 당신에게 사람을 보내었는데 오셨으니 잘하였나이다 이
제 우리는 주께서 당신에게 명하신 모든 것을 듣고자 하여 다 하나
님 앞에 있나이다

- **참으로 하나님은 사람의 외모를 보지 아니하시고**

34 베드로가 입을 열어 말하되 내가 참으로 하나님은 사람의 외모를
보지 아니하시고

- **각 나라 중 하나님을 경외하며 의를 행하는 사람은**
- **다 받으시는 줄 깨달았도다**

35 각 나라 중 하나님을 경외하며 의를 행하는 사람은 다 받으시는
줄 깨달았도다
36 만유의 주 되신 예수 그리스도로 말미암아 화평의 복음을 전하사

이스라엘 자손들에게 보내신 말씀

37 곧 요한이 그 세례를 반포한 후에 갈릴리에서 시작하여 온 유대
에 두루 전파된 그것을 너희도 알거니와

- **하나님이 나사렛 예수에게 성령과 능력을 기름 붓듯**
- **하셨으매 그가 두루 다니시며 선한 일을 행하시고**
- **마귀에게 눌린 모든 사람을 고치셨으니**
- **이는 하나님이 함께 하셨음이라**

38 하나님이 나사렛 예수에게 성령과 능력을 기름 붓듯 하셨으매 그
가 두루 다니시며 선한 일을 행하시고 마귀에게 눌린 모든 사람을
고치셨으니 이는 하나님이 함께하셨음이라

39 우리는 유대인의 땅과 예루살렘에서 그가 행하신 모든 일에 증인
이라 그를 그들이 나무에 달아 죽였으나

40 하나님이 사흘 만에 다시 살리사 나타내시되

41 모든 백성에게 하신 것이 아니요 오직 미리 택하신 증인 곧 죽은
자 가운데서 부활하신 후 그를 모시고 음식을 먹은 우리에게 하신
것이라

42 우리에게 명하사 백성에게 전도하되 하나님이 살아 있는 자와 죽
은 자의 재판장으로 정하신 자가 곧 이 사람인 것을 증언하게 하셨고

- **모든 선지자도 증언하되 그를 믿는 사람들이**
- **다 그의 이름을 힘입어 죄 사함을 받는다 하였느니라**

43 그에 대하여 모든 선지자도 증언하되 그를 믿는 사람들이 다 그
의 이름을 힘입어 죄 사함을 받는다 하였느니라 (행10:29~43)

5.

이방인들도 성령을 받다

- **베드로가 이 말을 할 때에**
- **성령이 말씀 듣는 모든 사람에게 내려오시니**

44 베드로가 이 말을 할 때에 성령이 말씀 듣는 모든 사람에게 내려
오시니
45 베드로와 함께 온 할례 받은 신자들이 이방인들에게도 성령 부어
주심으로 말미암아 놀라니

- **이는 방언을 말하며 하나님 높임을 들음이러라**

46 이는 방언을 말하며 하나님 높임을 들음이러라

- **성령을 받았으니 누가 능히 물로 세례 베풂을 금하리요**
- **명하여 예수 그리스도의 이름으로 세례를 베풀라 하니라**

47 이에 베드로가 이르되 이 사람들이 우리와 같이 성령을 받았으니
누가 능히 물로 세례 베풂을 금하리요 하고

48 명하여 예수 그리스도의 이름으로 세례를 베풀라 하니라 그들이
베드로에게 며칠 더 머물기를 청하니라 (행10:44~48)

● 안디옥 교회

19 그때에 스데반의 일로 일어난 환난으로 말미암아 흩어진 자들이 베
니게와 구브로와 안디옥까지 이르러 유대인에게만 말씀을 전하는데

- **헬라인에게도 말하여 주 예수를 전파하니**

20 그 중에 구브로와 구레네 몇 사람이 안디옥에 이르러 헬라인에게
도 말하여 주 예수를 전파하니

- **주의 손이 그들과 함께 하시매**
- **수많은 사람들이 믿고 주께 돌아오더라**

21 주의 손이 그들과 함께하시매 수많은 사람들이 믿고 주께 돌아오
더라
22 예루살렘 교회가 이 사람들의 소문을 듣고 바나바를 안디옥까지
보내니
23 그가 이르러 하나님의 은혜를 보고 기뻐하여 모든 사람에게 굳건
한 마음으로 주와 함께 머물러 있으라 권하니

- **바나바는 착한 사람이요 성령과 믿음이 충만한 사람이라**

24 바나바는 착한 사람이요 성령과 믿음이 충만한 사람이라 이에 큰
무리가 주께 더하여 지더라
25 바나바가 사울을 찾으러 다소에 가서

- **안디옥에서 비로소 그리스도인이라 일컬음을 받게 되었더라**

26 만나매 안디옥에 데리고 와서 둘이 교회에 일 년간 모여 있어 큰

무리를 가르쳤고 제자들이 안디옥에서 비로소 그리스도인이라 일컬
음을 받게 되었더라
27 그때에 선지자들이 예루살렘에서 안디옥에 이르니

- **아가보라 하는 한 사람이 일어나 성령으로 말하되**
- **천하에 큰 흉년이 들리라 하더니 그렇게 되니라**

28 그중에 아가보라 하는 한 사람이 일어나 성령으로 말하되 천하에
큰 흉년이 들리라 하더니 글라우디오 때에 그렇게 되니라
29 제자들이 각각 그 힘대로 유대에 사는 형제들에게 부조를 보내기
로 작정하고
30 이를 실행하여 바나바와 사울의 손으로 장로들에게 보내니라
(행11:19~30)

● 야고보의 순교와 베드로의 투옥

1 그때에 헤롯 왕이 손을 들어 교회 중에서 몇 사람을 해하려 하여
2 요한의 형제 야고보를 칼로 죽이니
3 유대인들이 이 일을 기뻐하는 것을 보고 베드로도 잡으려 할새 때
는 무교절 기간이라
4 잡으매 옥에 가두어 군인 넷씩인 네 패에게 맡겨 지키고 유월절 후
에 백성 앞에 끌어내고자 하더라

- **교회는 그를 위하여 간절히 하나님께 기도하더라**

5 이에 베드로는 옥에 갇혔고 교회는 그를 위하여 간절히 하나님께
기도하더라

6 헤롯이 잡아내려고 하는 그 전날 밤에 베드로가 두 군인 틈에서 두
쇠사슬에 매여 누워 자는데 파수꾼들이 문밖에서 옥을 지키더니

- **홀연히 주의 사자가 나타나 옥중에 광채가 빛나며**
- **또 베드로의 옆구리를 쳐 깨워 이르되**
- **급히 일어나라 하니 쇠사슬이 그 손에서 벗어지더라**

7 홀연히 주의 사자가 나타나 옥중에 광채가 빛나며 또 베드로의 옆
구리를 쳐 깨워 이르되 급히 일어나라 하니 쇠사슬이 그 손에서 벗
어지더라

- **천사가 이르되 띠를 띠고 신을 신으라 하거늘**
- **베드로가 그대로 하니 겉옷을 입고 따라오라 한대**

8 천사가 이르되 띠를 띠고 신을 신으라 하거늘 베드로가 그대로 하
니 천사가 또 이르되 겉옷을 입고 따라오라 한대
9 베드로가 나와서 따라갈새 천사가 하는 것이 생시인 줄 알지 못하
고 환상을 보는가 하니라
10 이에 첫째와 둘째 파수를 지나 시내로 통한 쇠문에 이르니 문이
저절로 열리는지라 나와서 한 거리를 지나매 천사가 곧 떠나더라
11 이에 베드로가 정신이 들어 이르되 내가 이제야 참으로 주께서 그
의 천사를 보내어 나를 헤롯의 손과 유대 백성의 모든 기대에서 벗
어나게 하신 줄 알겠노라*

* 그가 너를 위하여 그의 천사들을 명령하사 네 모든 길에서 너를 지키게 하심이라 (시91:11)

12 깨닫고 마가라 하는 요한의 어머니 마리아의 집에 가니 여러 사
람이 거기에 모여 기도하고 있더라 (행12:1~12)

● 바나바와 사울을 보내다

1 안디옥 교회에서 선지자들과 교사들이 있으니 곧 바나바와 니게르
라 하는 시므온과 구레네 사람 루기오와 분봉 왕 헤롯의 젖동생 마
나엔과 및 사울이라

- **주를 섬겨 금식할 때에 성령이 이르시되 내가 불러**
- **시키는 일을 위하여 바나바와 사울을 따로 세우라 하시니**

2 주를 섬개 금식할 때에 성령이 이르시되 내가 불러 시키는 일을 위
하여 바나바와 사울을 따로 세우라 하시니
3 이에 금식학며 기도하고 두 사람에게 안수하여 보내니라

● 바나바와 사울이 구브로에서 전도하다

4 두 사람이 성령의 보내심을 받아 실루기아에 내려가 거기서 배 타
고 구브로에 가서
5 살라미에 이르러 하나님의 말씀을 유대인의 여러 회당에서 전할
새 요한을 수행원으로 두었더라
6 온 섬 가운데로 지나서 바보에 이르러 바예수라 하는 유대인 거짓
선지자인 마술사를 만나니
7 그가 총독 서기오 바울과 함께 있으니 서기오 바울은 지혜 있는 사
람이라 바나바와 사울을 불러 하나님의 말씀을 듣고자 하더라

8 이 마술사 엘루마는 (이 이름을 번역하면 마술사라) 그들을 대적
하여 총독으로 믿지 못하게 힘쓰니

- **바울이라고 하는 사울이 성령이 충만하여 그를 주목하고**

9 바울이라고 하는 사울이 성령이 충만하여 그를 주목하고
10 이르되 모든 거짓과 악행이 가득한 자요 마귀의 자식이요 모든
의의 원수여 주의 바른 길을 굽게 하기를 그치지 아니하겠느냐
11 보라 이제 주의 손이 네 위에 있으니 네가 맹인이 되어 얼마 동안
해를 보지 못하리라 하니 즉시 안개와 어둠이 그를 덮어 인도할 사
람을 두루 구하는지라

- **이에 총독이 그렇게 된 것을 보고 믿으며**

12 이에 총독이 그렇게 된 것을 보고 믿으며 주의 가르치심을 놀랍
게 여기니라 (행13:1~12)

● 바울이 환상을 보다

- **성령이 아시아에서 말씀을 전하지 못하게 하시거늘**

6 성령이 아시아에서 말씀을 전하지 못하게 하시거늘 그들이 브루
기아와 갈라디아 땅으로 다녀가

- **예수의 영이 허락하지 아니하시는지라**

7 무시아 앞에 이르러 비두니아로 가고자 애쓰되 예수의 영이 허락
하지 아니하시는지라
8 무시아를 지나 드로아로 내려갔는데

- **밤에 환상이 바울에게 보이니 마게도냐 사람 하나가 서서**
- **그에게 청하여 이르되 마게도냐로 건너와서 우리를 도우라**

9 밤에 환상이 바울에게 보이니 마게도냐 사람 하나가 서서 그에게
청하여 이르되 마게도냐로 건너와서 우리를 도우라 하거늘
10 바울이 그 환상을 보았을 때 우리가 곧 마게도냐로 떠나기를 힘
쓰니 이는 하나님이 저 사람들에게 복음을 전하라고 우리를 부르신
줄로 인정함이러라 (행16:6~10)

● 루디아가 믿다

13 안식일에 우리가 기도할 곳이 있을까 하여 문밖 강가에 나가 거
기 앉아서 모인 여자들에게 말하는데

- **하나님을 섬기는 루디아라 하는 한 여자가 말을 듣고**
- **있을 때 주께서 그 마음을 열어 바울의 말을 따르게**

14 두아디라 시에 있는 자색 옷감 장사로서 하나님을 섬기는 루디아
라 하는 한 여자가 말을 듣고 있을 때 주께서 그 마음을 열어 바울의
말을 따르게 하신지라
15 그와 그 집이 다 세례를 받고 우리에게 청하여 이르되 만일 나를
주 믿는 자로 알거든 내 집에 들어와 유하라 하고 강권하여 머물게
하니라 (행16:13~15)

● 바울과 실라가 갇히다

- **여종 하나를 만나니 점으로 주인들에게 큰 이익을 주는 자라**

16 우리가 기도하는 곳에 가다가 점치는 귀신들린 여종 하나를 만나
니 점으로 그 주인들에게 큰 이익을 주는 자라

- **그가 바울과 우리를 따라와 소리 질러 이르되**
- **이 사람들은 지극히 높은 하나님의 종으로서**
- **구원의 길을 너희에게 전하는 자라 하며**

17 그가 바울과 우리를 따라와 소리 질러 이르되 이 사람들은 지극
히 높은 하나님의 종으로서 구원의 길을 너희에게 전하는 자라 하며

- **바울이 심히 괴로워 하여 돌이켜 그 귀신에게 이르되**
- **예수 그리스도의 이름으로 내가 네게 명하노니**
- **그에게서 나오라 하니 귀신이 즉시 나오니라**

18 이같이 여러 날을 하는지라 바울이 심히 괴로워하여 돌이켜 그
귀신에게 이르되 예수 그리스도의 이름으로 내가 네게 명하노니 그
에게서 나오라 하니 귀신이 즉시 나오니라,

24 그가 이러한 명령을 받아 그들을 깊은 옥에 가두고 그 발을 차꼬
에 든든히 채웠더니

25 한밤중에 바울과 실라가 기도하고 하나님을 찬송하매 죄수들이
듣더라

- **이에 갑자기 큰 지진이 나서 옥터가 움직이고 문이**
- **곧 다 열리며 모든 사람의 매인 것이 다 벗어진지라**

26 이에 갑자기 큰 지진이 나서 옥터가 움직이고 문이 곧 다 열리며
모든 사람의 매인 것이 다 벗어진지라

27 간수가 자다가 깨어 옥문들이 열린 것을 보고 죄수들이 도망한
줄 생각하고 칼을 빼어 자결하려 하거늘

28 바울이 크게 소리 질러 이르되 네 몸을 상하지 말라 우리가 다 여

기 있노라 하니

29 간수가 등불을 달라고 하며 뛰어들어가 무서워 떨며 바울과 실라

앞에 엎드리고

30 그들을 데리고 나가 이르되 선생들이여 내가 어떻게 하여야 구원

을 받으리이까 하거늘

- **주 예수를 믿으라 그리하면 너와 네 집이 구원을 받으리라**

31 이르되 주 예수를 믿으라 그리하면 너와 네 집이 구원을 받으리

라 하고

32 주의 말씀을 그 사람과 그 집에 있는 모든 사람에게 전하더라 (행 16:16~18, 24~32)

● 바울이 아덴에서 전도하다

22 바울이 아레오바고 가운데 서서 말하되 아덴 사람들아 너희를 보

니 범사에 종교심이 많도다

23 내가 두루 다니며 너희가 위하는 것들을 보다가 알지 못하는 신

에게라고 새긴 단도 보았으니 그런즉 너희가 알지 못하고 위하는 그

것을 내가 너희에게 알게 하리라

24 우주와 그 가운데 있는 만물을 지으신 하나님께서는 천지의 주재

시니 손으로 지은 전에 계시지 아니하시고

- **사람의 손으로 섬김을 받으시는 것이 아니니**
- **이는 만민에게 생명과 호흡과 만물을 친히 주시는 이심이라**

25 또 무엇이 부족한 것처럼 사람의 손으로 섬김을 받으시는 것이
아니니 이는 만민에게 생명과 호흡과 만물을 친히 주시는 이심이라
26 인류의 모든 족속을 한 혈통으로 만드사 온 땅에 살게 하시고 그
들의 연대를 정하시며 거주의 경계를 한정하셨으니

- **사람으로 혹 하나님을 더듬아 찾아 발견하게 하려 하심이로되**
- **그는 우리 각 사람에게서 멀리 계시지 아니하도다**

27 이는 사람으로 혹 하나님을 더듬어 찾아 발견하게 하려 하심이로
되 그는 우리 각 사람에게서 멀리 계시지 아니하도다*

* a 여호와의 말씀이니라 나는 가까운 데에 있는 하나님이요 먼 데에 있는 하나님은 아니냐
b 여호와의 말씀이니라 사람이 내게 보이지 아니하려고 누가 자신을 은밀한 곳에 숨길 수 있겠느냐 여호와가 말하노라 나는 천지에 충만하지 아니하냐 (렘23:23~24)

28 우리가 그를 힘입어 살며 기동하며 존재하느니라 너희 시인 중
어떤 사람들의 말과 같이 우리가 그의 소생이라 하니
29 이와 같이 하나님의 소생이 되었은즉 하나님을 금이나 은이나 돌
에다 사람의 기술과 고안으로 새긴 것들과 같이 여길 것이 아니니라

- **알지 못하던 시대에는 하나님이 간과하셨거니와**
- **이제는 어디든지 사람에게 다 명하사 회개하라 하셨으니**

30 알지 못하던 시대에는 하나님이 간과하셨거니와 이제는 어디든
지 사람에게 다 명하사 회개하라 하셨으니

- **이는 정하신 사람으로 하여금 천하를 공의로 심판할 날을**
- **작정하시고 이에 그를 죽은 자 가운데서 다시 살리신**

▪ **것으로 모든 사람에게 믿을 만한 증거를 주셨음이니라**

31 이는 정하신 사람으로 하여금 천하를 공의로 심판할 날을 작정하
시고 이에 그를 죽은 자 가운데서 다시 살리신 것으로 모든 사람에
게 믿을 만한 증거를 주셨음이니라 하니라

32 그들이 죽은 자의 부활을 듣고 어떤 사람은 조롱도 하고 어떤 사
람은 이 일에 대하여 네 말을 다시 듣겠다 하니

33 이에 바울이 그들 가운데서 떠나매

34 몇 사람이 그를 가까이 하여 믿으니 그중에는 아레오바고 관리
디오누시오와 다마리라 하는 여자와 또 다른 사람들도 있었더라 (행
17:22~34)

● 바울이 에베소에서 전도하다

1 아볼로가 고린도에 있을때에 바울이 윗지방으로 다녀 에베소에 와
서 어떤 제자들을 만나

▪ **이르되 너희가 믿을 때에 성령을 받았느냐**

▪ **이르되 아니라 우리는 성령이 계심도 듣지 못하였노라**

2 이르되 너희가 믿을 때에 성령을 받았느냐 이르되 아니라 우리는
성령이 계심도 듣지 못하였노라

▪ **바울이 이르되 그러면 너희가 무슨 세례를 받았느냐**

▪ **대답하되 요한의 세례니라**

3 바울이 이르되 그러면 너희가 무슨 세례를 받았느냐 대답하되 요
한의 세례니라

4 바울이 이르되 요한이 회개의 세례를 베풀며 백성에게 말하되 내
뒤에 오시는 이를 믿으라 하였으니 이는 곧 예수라 하거늘

- **그들이 듣고 주 예수의 이름으로 세례를 받으니**

5 그들이 듣고 주 예수의 이름으로 세례를 받으니

- **바울이 그들에게 안수하매 성령이 그들에게 임하시므로**
- **방언도 하고 예언도 하니 열두 사람쯤 되니라**

6 바울이 그들에게 안수하매 성령이 그들에게 임하시므로 방언도
하고 예언도 하니

7 모두 열두 사람쯤 되니라

8 바울이 회당에 들어가 석 달 동안 담대히 하나님 나라에 관하여 강
론하며 권면하되

9 어떤 사람들은 마음이 굳어 순종하지 않고 무리 앞에서 이 도를 비
방하거늘 바울이 그들을 떠나 제자들을 따로 세우고 두란노 서원에
서 날마다 강론하니라

10 두 해 동안 이같이 하니 아시아에 사는 자는 유대인이나 헬라인
이나 다 주의 말씀을 듣더라

- **하나님이 바울의 손으로 놀라운 능력을 행하게 하시니**

11 하나님이 바울의 손으로 놀라운 능력을 행하게 하시니

- **사람들이 바울의 몸에서 손수건이나 앞치마를 가져다가**
- **병든 사람에게 얹으면 그 병이 떠나고 악귀도 나가더라**

12 심지어 사람들이 바울의 몸에서 손수건이나 앞치마를 가져다가
병든 사람에게 얹으면 그 병이 떠나고 악귀도 나가더라

13 이에 돌아다니며 마술하는 어떤 유대인들이 시험삼아 악귀 들린
자들에게 주 예수의 이름을 불러 말하되 내가 바울이 전파하는 예수
를 의지하여 너희에게 명하노라 하더라
14 유대의 한 제사장 스게와의 일곱 아들도 이 일을 행하더니

- **악귀가 대답하여 이르되 내가 예수도 알고**
- **바울도 알거니와 너는 누구냐 하며**

15 악귀가 대답하여 이르되 내가 예수도 알고 바울도 알거니와 너희
는 누구냐 하며

- **악귀들린 사람이 그들에게 뛰어올라 눌러 이기니**
- **그들이 상하여 벗은 몸으로 그 집에서 도망하는지라**

16 악귀들린 사람이 그들에게 뛰어올라 눌러 이기니 그들이 상하여
벗은 몸으로 그 집에서 도망하는지라 (행19:1~16)

6.

성령으로 충만함을 받으면 이런 일들을 체험하게 된다

- 당신은 하나님께 통회자복하며 뜨거운 눈물로 부르짖이 기도한 적이 있는가
- 당신은 성령께서 당신의 죄를 필름처럼 눈 앞에 나타내보이심에 따라 통회자복하며 회개기도를 드린 적이 있는가
- 잠잠히 기도 속으로 빨려 들어간 적이 있는가
- 기도 중에 목구멍 깊은 곳으로부터 이상한 소리가 나오거든 그 기도 소리를 멈추지 말고 크게 부르짖으라 그것이 방언기도니라 "내가 만일 방언으로 기도하면 나의 영이 기도하거니와 나의 마음은 열매를 맺지 못하리라 그러면 어떻게 할까 내가 영으로 기도하고 또 마음으로 기도하며 내가 영으로 찬송하고 또 마음으로 찬송하리라" (고전14:14~15)

- 당신은 자신도 모르게 주체할 수 없이 많은 눈물을 흘려 본 적이 있는가
- 기도할 때에 많은 눈물을 흘려 본 적이 있는가
- 기도할 때에 당신 속에서 마음이 뜨겁게 달아오른 적이 있는가
- 예배드릴 때에 하염없이 흐르는 눈물을 경험한 적이 있는가
- 당신은 안수기도를 받은 적이 있는가
- 성령으로 충만한 목사님께 안수기도를 받은 적이 있는가
- 성령세례로 안수기도를 받은 적이 있는가
- 그로인해 성령의 충만함과 방언을 은사로 받았는가
- 치유를 위해 안수기도를 받은 적이 있는가
- 안수기도를 받음으로 병이 나은 적이 있는가
- 당신은 하나님의 세미한 음성을 들은 적이 있는가
- 있었다면 몇 번이나 들었는가
- 지금도 그 음성을 듣고 있는가
- 앞으로도 그 음성을 듣게 될 것이라고 믿고 있는가
- 새벽기도할 때에 머리 위에 성령의 임재를 느껴 본 적이 있는가
- 있었다면 얼마나 자주 성령의 임재를 느끼게 되었는가
- 앞으로도 새벽기도를 통해 머리 위에 성령의 임재를 체험할 것이라고 믿는가
- 당신은 날아갈 듯한 기쁨을 맛본 적이 있는가
- 눈 앞에 살랑거리는 나뭇잎들이 한없이 아름답게 느껴본 적이 있는가

- 눈 앞에 펼쳐진 풍경들이 아름다워 황홀지경에 빠져본 적이 있는가
- 마음에 넘치는 기쁨으로 기뻐 뛰며 춤추어 본 적이 있는가
- 그때에 당신은 성령의 충만함으로 주님이 주신 평안 가운데 무아지경에 이른 것이다

제3부

진리와 교리는 하나가 될 수 없다
교리로 진리를 덮어씌우지 말라

■ **하나님의 말씀은 살아있고 활력이 있어**

1) 하나님의 말씀은(교리는) 살아있고 활력이 있어 좌우에 날선 어떤 검보다도 예리하여 혼과 영과 및 관절과 골수를 찔러 쪼개기까지 하며 또 마음의 생각과 뜻을 판단하나니 (히4:12)

■ **말씀이 육신이 되어 우리 가운데 거하시매**

2) 말씀(교리)이 육신이 되어 우리 가운데 거하시매 우리가 그의 영광을 보니 아버지의 독생자의 영광이요 은혜와 진리(교리)가 충만하더라 (요1:14)

■ **그들을 진리로 거룩하게 하옵소서**

■ **아버지의 말씀은 진리니이다**

3) 그들을 진리로(교리로) 거룩하게 하옵소서 아버지의 말씀은 진리(교리)니이다 (요17:17)

■ **내가 곧 길이요 진리요 생명이니**

4) 예수께서 이르시되 내가 곧 길이요 진리요(교리요) 생명이니 나로 말미암지 않고는 아버지께로 올 자가 없느니라 (요14:6)

■ **진리를 알지니 진리가 너희를 자유롭게 하리라**

5) 진리(교리)를 알지니 진리(교리)가 너희를 자유롭게 하리라 (요8:32)

■ **진리의 성령이 오시면 그가 너희를 모든 진리 가운데로**

6) 그러나 진리(교리)의 성령이 오시면 그가 너희를 모든 진리(교리) 가운데로 인도하시리니 그가 스스로 말하지 않고 오직 들은 것을 말하며 장래 일을 너희에게 알리시리라 (요16:13)

- **예수께서 하나님의 아들이심을 믿는 자가 아니면**
- **세상을 이기는 자가 누구냐**

7) **5** 예수께서 하나님의 아들이심을 믿는 자가 아니면 세상을 이기는 자가 누구냐

6 이는 물과 피로 임하신 이시니 곧 예수 그리스도시라 물로만 아니요 물과 피로 임하셨고 증언하시는 이는 성령이시니 성령은 진리(교리)니라

7 증언하는 이가 셋이니

8 성령과 물과 피라 또한 이 셋은 합하여 하나이니라 (요일5:5~8)

- **너희도 진리의 말씀 곧 너희의 구원의 복음을 듣고**
- **또한 믿어 약속의 성령으로 인치심을 받았으니**

8) 그 안에서 너희도 진리의 말씀(교리) 곧 너희의 구원의 복음(교리)을 듣고 그 안에서 또한 믿어 약속의 성령으로 인치심을 받았으니 (엡1:13)

- **너희가 거듭난 것은 하나님의 말씀으로 되었느니라**

9) 너희가 거듭난 것은 썩어질 씨로 된 것이 아니요 썩지 아니할 씨로 된 것이니 살아있고 항상 있는 하나님의 말씀(교리)으로 되었느니라 (벧전1:23)

- **내 말을 듣고 또 나 보내신 이를 믿는 자는**
- **영생을 얻었고 사망에서 생명으로 옮겼느니라**

10) 내가 진실로 진실로 너희에게 이르노니 내 말(교리)을 듣고 또 나 보내신 이를 믿는 자는 영생을 얻었고 심판에 이르지 아니하나니

사망에서 생명으로 옮겼느니라 (요5:24)

- **하나님 앞에서 너희의 말을 듣는 것이**
- **하나님의 말씀을 듣는 것보다 옳은가 판단하라**

11) 베드로와 요한이 대답하여 이르되 하나님 앞에서 너희의 말(교리)을 듣는 것이 하나님의 말씀(진리)을 듣는 것보다 옳은가 판단하라 (행4:19)

- **내가 너희에게 명령하는 말을 너희는 가감하지 말고**
- **내가 너희에게 내리는 너희 하나님 여호와의 명령을 지키라**

12) 내가 너희에게 명령하는 말(교리)을 너희는 가감하지 말고 내가 너희에게 내리는 너희 하나님 여호와의 명령(교리)을 지키라 (신4:2)

- **여호와의 말씀이니라 내 말이 불 같지 아니하냐**

13) **29** 여호와의 말씀(교리)이니라 내 말(교리)이 불 같지 아니하냐 바위를 쳐서 부스러뜨리는 방망이 같지 아니하냐

- **내 말을 도둑질하는 선지자들을 내가 치리라**

30 여호와의 말씀(교리)이라 그러므로 보라 서로 내 말(교리)을 도둑질하는 선지자들을 내가 치리라

- **여호와가 말씀하셨다 하는 선지자들을 내가 치리라**

31 여호와의 말씀(교리)이니라 보라 그들이 혀를 놀려 여호와가 말씀하셨다 하는 선지자들을 내가 치리라

32 여호와의 말씀(교리)이니라 보라 거짓 꿈을 예언하여 이르며 거짓과 헛된 자만으로 내 백성을 미혹하게 하는 자를 내가 치리라 내가 그들을 보내지 아니하였으며 명령하지 아니하였나니 그들은 이

백성에게 아무 유익이 없느니라 여호와의 말씀이니라 (렘23:29~32)

- 그의 계명을 지키는 자는 주 안에 거하고 주는 그의 안에
- 거하시나니 우리에게 주신 성령으로 말미암아
- 그가 우리 안에 거하시는 줄을 우리가 아느니라

14) 그의 계명(교리)을 지키는 자는 주 안에 거하고 주는 그의 안에 거하시나니 우리에게 주신 성령으로 말미암아 그가 우리 안에 거하시는 줄을 우리가 아느니라 (요일3:24)

이것이 오늘날 신학교 교수님들과 교회 목사님들의 말씀에 대한 태도다. 교리가 진리를 대신할 수 없음이 이로써 분명해진다. 왜 삼위 하나님의 역사하심을 잘 알지도 못하면서 부정하는가. 알게 해달라고 하나님께 기도해 본 적이 있는가. 왜 당신은 하나님의 영, 성령을 받지 못해 신앙인이 못 되고 종교인이 되었는가. 우리가 눈으로 읽는 창세기 2장 2절에서부터 역사하신 성령의 역사는 오늘날은 말할 것도 없고, 여러분이 죽은 후에 부활 승천할 때에도 성결의 영(롬1:4)으로 부활을 돕는다는 사실을 나 같은 무지랭이도 아는데 왜 모른단 말인가. 교수님이라면서. 목사님이라면서. 그 자격증은 하나님이 주신 것인가. 마귀가 준 것인가. 교리는 사탄의 속임수다. 마귀의 궤계에 속지 말라.

- 거기는 사탄의 권좌가 있는 데라

네가 어디에 사는지를 내가 아노니 거기는 사탄*의 권좌가 있는 데라 네가 내 이름을 굳게 잡아서 내 충성된 증인 안디바가 너희 가운

데 곧 사탄이 사는 곳에서 죽임을 당할 때에도 나를 믿는 믿음을 저
버리지 아니하였도다 (계2:13)

* 1) 큰 용이 내쫓기니 옛 뱀 곧 마귀라고도 하고 사탄이라고도 하며 온
천하를 꾀는 자라 그가 땅으로 내쫓기니 그의 사자들도 그와 함께 내쫓
기니라 (계12:9)
2) 너희는 너희 아비 마귀에게서 났으니 너희 아비의 욕심대로 너희도
행하고자 하느니라 그는 처음부터 살인한 자요 진리가 그 속에 없으므
로 진리에 서지 못하고 거짓을 말할 때마다 제 것으로 말하나니 이는 그
가 거짓말쟁이요 거짓의 아비가 되었음이라 (요8:44)

2 마귀가 벌써 시몬의 아들 가룟 유다의 마음에 예수를 팔려는 생각
을 넣었더라,
26 예수께서 대답하시되 내가 떡 한 조각을 적셔다 주는 자가 그니
라 하시고 곧 한 조각을 적셔서 가룟 시몬의 아들 유다에게 주시니
27 조각을 받은 후 곧 사탄이 그 속에 들어간지라 이에 예수께서 유
다에게 이르시되 네가 하는 일을 속히 하라 하시니,
30 유다가 그 조각을 받고 곧 나가니 밤이러라 (요13:2, 26~27, 30)

■ **깨어 의를 행하고 죄를 짓지 말라**

깨어 의를 행하고 죄를 짓지 말라 하나님을 알지 못하는 자가 있기
로 내가 너희를 부끄럽게 하기 위하여 말하노라 (고전15:34)
25 맑은 물을 너희에게 뿌려서 너희로 정결하게 하되 곧 너희 모든
더러운 것에서와 모든 우상 숭배에서 너희를 정결하게 할 것이며

■ **또 새 영을 너희 속에 두고 새 마음을 너희에게 주되**

26 또 새 영을 너희 속에 두고 새 마음을 너희에게 주되 너희 육신에
서 굳은 마음을 제거하고 부드러운 마음을 줄 것이며

■ **또 내 영을 너희 속에 두어 너희로 내 율례를**

■ **행하게 하리니 너희가 내 규례를 지켜 행할지라**

27 또 내 영을 너희 속에 두어 너희로 내 율례를 행하게 하리니 너희
가 내 규례를 지켜 행할지라,

31 그때에 너희가 너희 악한 길과 너희 좋지 못한 행위를 기억하
고 너희 모든 죄악과 가증한 일로 말미암아 스스로 밉게 보리라 (겔
36:25~27, 31)

■ **너희는 여호와의 책에서 찾아 읽어보라**

■ **이것들 가운데 빠진 것이 하나도 없고**

■ **제 짝이 없는 것이 없으리니 이는 여호와의 입이**

■ **이를 명령하셨고 그의 영이 이것들을 모으셨음이라**

너희는 여호와의 책에서 찾아 읽어보라 이것들 가운데서 빠진 것이 하나도 없고 제 짝이 없는 것이 없으리니 이는 여호와의 입이 이를 명령하셨고 그의 영이 이것들을 모으셨음이라 (사34:16)

■ **너희는 천국 문을 사람들 앞에서 닫고 너희도 들어가지**

■ **않고 들어가려 하는 자도 들어가지 못하게 하는도다**

13 화 있을진저 외식하는 서기관들과 바리새인들이여 너희는 천국

문을 사람들 앞에서 닫고 너희도 들어가지 않고 들어가려 하는 자도 들어가지 못하게 하는도다,

- **교인 한 사람을 얻기 위하여 바다와 육지를 두루 다니다가**
- **생기면 너희보다 배나 더 지옥 자식이 되게 하는도다**

15 화 있을진저 외식하는 서기관들과 바리새인들이여 너희는 교인 한 사람을 얻기 위하여 바다와 육지를 두루 다니다가 생기면 너희보다 배나 더 지옥 자식이 되게 하는도다 (마23:13, 15)

- **하나님은 모든 사람이 구원을 받으며**
- **진리를 아는 데에 이르기를 원하시느니라**

하나님은 모든 사람이 구원을 받으며 진리를 아는데에 이르기를 원하시느니라 (딤전2:4)

- **주의 약속은 어떤 이들이 더디다고 생각하는 것같이**
- **더딘 것이 아니라 오직 주께서는 너희를 대하여 오래 참으사**
- **아무도 멸망하지 아니하고 다 회개하기에 이르기를**

주의 약속은 어떤 이들이 더디다고 생각하는 것같이 더딘 것이 아니라 오직 주께서는 너희를 대하여 오래 참으사 아무도 멸망하지 아니하고 다 회개하기에 이르기를 원하시느니라 (벧후3:9)

제4부

하나님의 뜻을 행한 후에 약속하신 것을 받기 위한 삶

1.

하나님의 뜻을 분별하는 새 생활

- **너희 몸을 하나님이 기뻐하시는 거룩한 산 제물로 드리라**
- **이는 너희가 드릴 영적 예배니라**

1 그러므로 형제들아 내가 하나님의 모든 자비하심으로 너희를 권하노니 너희 몸을 하나님이 기뻐하시는 거룩한 산 제물로 드리라 이는 너희가 드릴 영적 예배니라

- **너희는 이 세대를 본받지 말고 오직 마음을 새롭게 함으로**
- **변화를 받아 하나님의 선하시고 기뻐하시고**
- **온전하신 뜻이 무엇인지 분별하도록 하라**

2 너희는 이 세대를 본받지 말고 오직 마음을 새롭게 함으로 변화를 받아 하나님의 선하시고 기뻐하시고 온전하신 뜻이 무엇인지 분별하도록 하라

- **마땅히 생각할 그 이상의 생각을 품지 말고 오직 하나님께서**

- **각 사람에게 나누어 주신 믿음의 분량대로 지혜롭게 생각하라**

3 내게 주신 은혜로 말미암아 너희 각 사람에게 말하노니 마땅히 생
각할 그 이상의 생각을 품지 말고 오직 하나님께서 각 사람에게 나
누어 주신 믿음의 분량대로 지혜롭게 생각하라
4 우리가 한 몸에 많은 지체를 가졌으나 모든 지체가 같은 기능을 가
진 것이 아니니
5 이와 같이 우리 많은 사람이 그리스도 안에서 한 몸이 되어 서로
지체가 되었느니라
6 우리에게 주신 은혜대로 받은 은사가 각각 다르니 혹 예언이면 믿
음의 분수대로,
7 혹 섬기는 일이면 섬기는 일로, 혹 가르치는 자면 가르치는 일로,
8 혹 위로하는 자면 위로하는 일로, 구제하는 자는 성실함으로, 다스
리는 자는 부지런함으로, 긍휼을 베푸는 자는 즐거움으로 할 것이니라

- **사랑에는 거짓이 없나니 악을 미워하고 선에 속하라**

9 사랑에는 거짓이 없나니 악을 미워하고 선에 속하라
10 형제를 사랑하여 서로 우애하고 존경하기를 서로 먼저 하라

- **부지런하여 게으르지 말고 열심을 품고 주를 섬기라**

11 부지런하여 게으르지 말고 열심을 품고 주를 섬기라

- **소망 중에 즐거워하며 환난 중에 참으며 기도에 항상 힘쓰며**

12 소망 중에 즐거워하며 환난 중에 참으며 기도에 항상 힘쓰며

- **성도들의 쓸 것을 공급하며 손 대접하기를 힘쓰라**

13 성도들의 쓸 것을 공급하며 손 대접하기를 힘쓰라 (롬12:1~13)

2.

하나님의 뜻

- **내 아버지의 뜻은 아들을 보고 믿는 자마다 영생을 얻는**
- **이것이니 마지막 날에 내가 이를 다시 살리리라**

내 아버지의 뜻은 아들을 보고 믿는 자마다 영생을 얻는 이것이니 마지막 날에 내가 이를 다시 살리리라 하시니라 (요6:40)

- **나더러 주여 주여 하는 자마다 천국에 들어갈 것이 아니요**
- **다만 하늘에 계신 내 아버지의 뜻대로 행하는 자라야**

나더러 주여 주여 하는 자마다 천국에 들어갈 것이 아니요 다만 하늘에 계신 내 아버지의 뜻대로 행하는 자라야 들어가리라 (마7:21)

16 항상 기뻐하라

17 쉬지 말고 기도하라

18 범사에 감사하라 이것이 그리스도 예수 안에서 너희를 향하신 하나님의 뜻이니라 (살전5:16~18)

3 하나님의 뜻은 이것이니 너희의 거룩함이라 곧 음란을 버리고
4 각각 거룩함과 존귀함으로 자기의 아내 대할 줄을 알고
5 하나님을 모르는 이방인과 같이 색욕을 따르지 말고
6 이 일에 분수를 넘어서 형제를 해하지 말라 이는 우리가 너희에게
미리 말하고 증언한 것과 같이 이 모든 일에 주께서 신원하여 주심
이라
7 하나님이 우리를 부르심은 부정하게 하심이 아니요 거룩하게 하
심이니
8 그러므로 저버리는 자는 사람을 저버림이 아니요 너희에게 그의
생명을 주신 하나님을 저버림이니라 (살전4:3~8)
17 그러므로 어리석은 자가 되지 말고 오직 주의 뜻이 무엇인가 이
해하라
18 술 취하지 말라 이는 방탕한 것이니 오직 성령으로 충만함을 받
으라
19 시와 찬송과 신령한 노래들로 서로 화답하며 너희의 마음으로 주
께 노래하며 찬송하며
20 범사에 우리 주 예수 그리스도의 이름으로 항상 아버지 하나님께
감사하며
21 그리스도를 경외함으로 피차 복종하라 (엡5:17~21)

너희에게 인내가 필요함은 너희가 하나님의 뜻을 행한 후에 약속하신 것을 받기 위함이라 (히10:36)

3.

회개하라 천국이 가까이 왔느니라

■ **회개하라 천국이 가까이 왔느니라**

이때부터 예수께서 비로소 전파하여 이르시되 회개하라 천국이 가까이 왔느니라 하시더라 (마4:17)

■ **회개하지 아니하면 망하리라**

1 〈회개하지 아니하면 망하리라〉 그때 마침 두어 사람이 와서 빌라도가 어떤 갈릴리 사람들의 피를 그들의 제물에 섞은 일로 예수께 아뢰니

2 대답하여 이르시되 너희는 이 갈릴리 사람들이 이같이 해 받으므로 다른 모든 갈릴리 사람보다 죄가 더 있는 줄 아느냐

3 너희에게 이르노니 아니라 너희도 만일 회개하지 아니하면 이와 같이 망하리라

4 또 실로암에서 망대가 무너져 치어 죽은 열여덟 사람이 예루살렘에 거한 다른 모든 사람보다 죄가 더 있는 줄 아느냐

5 너희에게 이르노니 아니라 너희도 만일 회개하지 아니하면 다 이
와 같이 망하리라 (눅13:1~5)
내가 너희에게 이르노니 이와 같이 죄인 한 사람이 회개하면 하늘에
서는 회개할 것 없는 의인 아흔아홉으로 말미암아 기뻐하는 것보다
더하리라 (눅15:7)
주의 약속은 어떤 이들이 더디다고 생각하는 것같이 더딘 것이 아니
라 오직 주께서는 너희를 대하여 오래 참으사 아무도 멸망하지 아니
하고 다 회개하기에 이르기를 원하시느니라 (벧후3:9)
하나님은 모든 사람이 구원을 받으며 진리를 아는 데에 이르기를 원
하시느니라 (딤전2:4)
19 그러므로 너희가 회개하고 돌이켜 너희 죄 없이 함을 받으라 이
같이 하면 새롭게 되는 날이 주 앞으로부터 이를 것이요,

- **너희가 회개하여 각각 예수 그리스도의 이름으로 세례를**
- **받고 죄 사함을 받으라 그리하면 성령의 선물을 받으리니**

38 베드로가 이르되 너희가 회개하여 각각 예수 그리스도의 이름으
로 세례를 받고 죄 사함을 받으라 그리하면 성령의 선물을 받으리니
(행3:19, 2:38)

8 만일 우리가 죄가 없다고 말하면 스스로 속이고 또 진리가 우리 속
에 있지 아니할 것이요
9 만일 우리가 우리 죄를 자백하면 그는 미쁘시고 의로우사 우리 죄
를 사하시며 우리를 모든 불의에서 깨끗하게 하실 것이요

10 만일 우리가 범죄하지 아니하였다 하면 하나님을 거짓말하는 이로 만드는 것이니 또한 그의 말씀이 우리 속에 있지 아니하니라 (요일1:8~10)

너희가 알 것은 죄인을 미혹된 길에서 돌아서게 하는 자가 그의 영혼을 사망에서 구원할 것이며 허다한 죄를 덮을 것임이라 (약5:20)

5 내가 주께 대하여 귀로 듣기만 하였사오나 이제는 눈으로 주를 뵈옵나이다

6 그러므로 내가 스스로 거두어들이고 티끌과 재 가운데에서 회개하나이다 (욥42:5~6)

- **알지 못하던 시대에는 하나님이 간과하셨거니와**
- **이제는 어디든지 사람에게 다 명하사 회개하라 하셨으니**

30 알지 못하던 시대에는 하나님이 간과하셨거니와 이제는 어디든지 사람에게 다 명하사 회개하라 하셨으니

31 이는 정하신 사람으로 하여금 천하를 공의로 심판하실 날을 작정하시고 이에 그를 죽은 자 가운데서 다시 살리신 것으로 모든 사람에게 믿을 만한 증거를 주셨음이니라 하니라 (행17:30~31)

5 그러므로 어디서 떨어졌는지를 생각하고 회개하여 처음 행위를 가지라 만일 그리하지 아니하고 회개하지 아니하면 내가 네게 가서 네 촛대를 그 자리에서 옮기리라,

3 그러므로 네가 어떻게 받았으며 어떻게 들었는지 생각하고 지켜 회개하라 만일 일깨지 아니하면 내가 도둑같이 이르리니 어느 때에 네게 이를는지 네가 알지 못하리라 (계2:5, 3:3)

6 또 내가 너희 모든 성읍에서 너희 이를 깨끗하게 하며 너희의 각
처소에서 양식이 떨어지게 하였으나 너희가 내게로 돌아오지 아니
하였느니라 여호와의 말씀이니라
7 또 추수하기 석 달 전에 내가 너희에게 비를 멈추게 하여 어떤 성
읍에는 내리고 어떤 성읍에는 내리지 않게 하였더니 땅 한 부분은
비를 얻고 한 부분은 비를 얻지 못하여 말랐으매
8 두 세 성읍 사람이 어떤 성읍으로 비틀거리며 물을 마시러 가서
만족하게 마시지 못하였으나 너희가 내게로 돌아오지 아니하였느니
라 여호와의 말씀이니라
9 내가 곡식을 마르게 하는 재앙과 깜부기 재앙으로 너희를 쳤으며
팥중이로 너희의 많은 동산과 포도원과 무화과 나무와 감람나무를
다 먹게 하였으나 너희가 내게로 돌아오지 아니하였느니라 여호와
의 말씀이니라
10 내가 너희 중에 전염병 보내기를 애굽에서 한 것처럼 하였으며
칼로 너희 청년들을 죽였으며 너희 말들을 노략하게 하며 너희 진영
의 악취로 코를 찌르게 하였으나 너희가 내게로 돌아오지 아니하였
느니라 여호와의 말씀이니라
11 내가 너희 중의 성읍 무너뜨리기를 하나님인 내가 소돔과 고모라
를 무너뜨림같이 하였으므로 너희가 불붙는 가운데서 빼낸 나무 조
각같이 되었으나 너희가 내게로 돌아오지 아니하였느니라 여호와의
말씀이니라 (암4:6~11)

1 하나님이여 주의 인자를 따라 내게 은혜를 베푸시며 주의 많은 긍휼을 따라 내 죄악을 지워 주소서

2 나의 죄악을 말갛게 씻으시며 나의 죄를 깨끗이 제하소서

3 무릇 나는 내 죄과를 아오니 내 죄가 항상 내 앞에 있나이다

4 내가 주께만 범죄하여 주의 목전에 악을 행하였사오니 주께서 말씀하실 때에 의로우시다 하고 주께서 심판하실 때에 순전하시다 하리이다

5 내가 죄악 중에서 출생하였음이여 어머니가 죄 중에서 나를 잉태하였나이다

6 보소서 주께서는 중심이 진실함을 원하시오니 내게 지혜를 은밀히 가르치시리이다

7 우슬초로 나를 정결하게 하소서 내가 정하리이다 나의 죄를 씻어 주소서 내가 눈보다 희리이다

8 내게 즐겁고 기쁜 소리를 들려 주시사 주께서 꺾으신 뼈들도 즐거워하게 하소서

9 주의 얼굴을 내 죄에서 돌이키시고 내 모든 죄악을 지워 주소서

10 하나님이여 내 속에 정한 마음을 창조하시고 내 안에 정직한 영을 새롭게 하소서

11 나를 주 앞에서 쫓아내지 마시며 주의 성령을 내게서 거두지 마소서

12 주의 구원의 즐거움을 내게 회복시켜 주시고 자원하는 심령을 주사 나를 붙드소서

13 그리하면 내가 범죄자에게 주의 도를 가르치리니 죄인들이 주께 돌아오리이다

14 하나님이여 나의 구원의 하나님이여 피흘린 죄에서 나를 건지소서
내 혀가 주의 의를 높이 노래하리이다
15 주의 입술을 열어 주소서 내 입이 주를 찬송하여 전파하리이다
16 주께서는 제사를 기뻐하지 아니하시나니 그렇지 아니하면 내가 드
렸을 것이라 주는 번제를 기뻐하지 아니하시나이다
17 하나님께서 구하시는 제사는 상한 심령이라 하나님이여 상하고 통
회하는 마음을 주께서 멸시하지 아니하시리이다
18 주의 은택으로 시온에 선을 행하시고 예루살렘 성을 쌓으소서
19 그때에 주께서 의로운 제사와 번제와 온전한 번제를 기뻐하시리니
그때에 그들이 수소를 주의 제단에 드리리이다 (시51:1~19)

4.

인자가 올 때 세상에서 믿음을 보겠느냐

- 성도는 천국 가는 그날이 은퇴하는 날이다
- 인자가 올 때 세상에서 믿음을 보겠느냐

8 내가 너희에게 이르노니 속히 그 원한을 풀어 주시리라 그러나 인
자가 올 때 세상에서 믿음을 보겠느냐 하시니라

- 항상 기도하고 낙심하지 말라

1 예수께서 그들에게 항상 기도하고 낙심하지 말아야 할 것을 비유
로 말씀하여
2 이르시되 어떤 도시에 하나님을 두려워하지 않고 사람을 무시하
는 한 재판장이 있는데
3 그 도시에 한 과부가 있어 자주 그에게 가서 내 원수에 대한 나의
원한을 풀어 주소서 하되
4 그가 얼마 동안 듣지 아니하다가 후에 속으로 생각하되 내가 하나
님을 두려워하지 않고 사람을 무시하나

5 이 과부가 나를 번거롭게 하니 내가 그 원한을 풀어 주리라 그렇지 않으면 늘 와서 나를 괴롭게 하리라 하였느니라
6 주께서 또 이르시되 불의한 재판장이 말한 것을 들으라
7 하물며 하나님께서 그 밤낮 부르짖는 택하신 자들의 원한을 풀어 주지 아니하시겠느냐 그들에게 오래 참으시겠느냐 (눅18:8, 1~7)

- **환난 중에 참으며 기도에 항상 힘쓰며**

소망 중에 즐거워하며 환난 중에 참으며 기도에 항상 힘쓰며 (롬12:12)

- **쉬지 말고 기도하라**

쉬지 말고 기도하라 (살전5:17)

- **모든 기도와 간구를 하되 항상 성령 안에서 기도하고**

모든 기도와 간구를 하되 항상 성령 안에서 기도하고 이를 위하여 깨어 구하기를 항상 힘쓰며 여러 성도를 위하여 구하라 (엡6:18)

- **항상 기도하며 깨어 있으라**

34 〈항상 기도하며 깨어 있으라〉 너희는 스스로 조심하라 그렇지 않으면 방탕함과 술취함과 생활의 염려로 마음이 둔하여지고 뜻밖에 그날이 덫과 같이 너희에게 임하리라
35 이 날은 온 지구상에 거하는 모든 사람에게 임하리라

- **너희는 장차 올 이 모든 일을 능히 피하고**
- **인자 앞에 서도록 항상 기도하며 깨어 있으라**

36 이러므로 너희는 장차 올 이 모든 일을 능히 피하고 인자 앞에 서도록 항상 기도하며 깨어 있으라 하시니라 (눅21:34~36)

5.

세상을 이기는 믿음

● 세상을 이기는 믿음

- 예수께서 그라스도이심을 믿는 자마다 하나님께로부터
- 난 자니 또한 낳으신 이를 사랑하는 자마다
- 그에게서 난 자를 사랑하느니라

1 〈세상을 이기는 믿음〉 예수께서 그리스도이심을 믿는 자마다 하나님께로부터 난 자니 또한 낳으신 이를 사랑하는 자마다 그에게서 난 자를 사랑하느니라

- 우리가 하나님을 사랑하고 그의 계명을 지킬 때에
- 이로써 우리가 하나님의 자녀를 사랑하는 줄을 아느니라

2 우리가 하나님을 사랑하고 그의 계명들을 지킬 때에 이로써 우리가 하나님의 자녀를 사랑하는 줄을 아느니라

- 하나님을 사랑하는 것은 이것이니 우리가 그의 계명들을

- **지키는 것이라 그의 계명들은 무거운 것이 아니로다**

3 하나님을 사랑하는 것은 이것이니 우리가 그의 계명들을 지키는
것이라 그의 계명들은 무거운 것이 아니로다

- **무릇 하나님께로 난 자마다 세상을 이기느니라**
- **세상을 이기는 승리는 이것이니 우리의 믿음이니라**

4 무릇 하나님께로 난 자마다 세상을 이기느니라 세상을 이기는 승
리는 이것이니 우리의 믿음이니라

- **예수께서 하나님의 아들이심을 믿는 자가 아니면**
- **세상을 이기는 자가 누구냐**

5 예수께서 하나님의 아들이심을 믿는 자가 아니면 세상을 이기는
자가 누구냐

- **이는 물과 피로 임하신이시니 곧 예수 그리스도시라**
- **물로만 아니요 물과 피로 임하셨고**
- **증언하는 이는 성령이시니 성령은 진리니라**

6 이는 물과 피로 임하신이시니 곧 예수 그리스도시라 물로만 아니
요 물과 피로 임하셨고 증언하는 이는 성령이시니 성령은 진리니라

- **증언하는 이가 셋이니**
- **성령과 물과 피라 또한 이 셋은 합하여 하나이니라**

7 증언하는 이가 셋이니

8 성령과 물과 피라 또한 이 셋은 합하여 하나이니라

- **만일 우리가 사람들의 증언을 받을진대**
- **하나님의 증거는 더욱 크도다 하나님의 증거는**

- **이것이니 그의 아들에 대하여 증언하신 것이니라**

9 만일 우리가 사람들의 증언을 받을진대 하나님의 증거는 더욱 크
도다 하나님의 증거는 이것이니 그의 아들에 대하여 증언하신 것이
니라

- **하나님의 아들을 믿는 자는 자기 안에 증거가 있고**
- **하나님을 믿지 아니하는 자는 하나님을 거짓말하는 자로**
- **만드나니 이는 하나님께서 그 아들에 대하여**
- **증언하신 증거를 믿지 아니하였음이라**

10 하나님의 아들을 믿는 자는 자기 안에 증거가 있고 하나님을 믿
지 아니하는 자는 하나님을 거짓말하는 자로 만드나니 이는 하나님
께서 그 아들에 대하여 증언하신 증거를 믿지 아니하였음이라

- **또 증거는 이것이니 하나님이 우리에게 영생을 주신 것과**
- **이 생명이 그의 아들 안에 있는 그것이니라**

11 또 증거는 이것이니 하나님이 우리에게 영생을 주신 것과 이 생명
이 그의 아들 안에 있는 그것이니라

- **아들이 있는 자에게는 생명이 있고**
- **아들이 없는 자에게는 생명이 없느니라**

12 아들이 있는 자에게는 생명이 있고 하나님의 아들이 없는 자에게
는 생명이 없느니라

● 영생을 알게 하려 함이라

- **내가 하나님의 아들을 믿는 너희에게 이것을 쓰는 것은**
- **너희로 하여금 너희에게 영생이 있음을 알게 하려 함이라**

13 〈영생을 알게 하려 함이라〉 내가 하나님의 아들의 이름을 믿는
너희에게 이것을 쓰는 것은 너희로 하여금 너희에게 영생이 있음을
알게 하려 함이라

- **그를 향하여 우리가 가진 바 담대함이 이것이니**
- **그의 뜻대로 무엇을 구하면 들으심이라**

14 그를 향하여 우리가 가진 바 담대함이 이것이니 그의 뜻대로 무
엇을 구하면 들으심이라

- **우리가 무엇이든지 구하는 바를 들으시는 줄을 안즉**
- **우리가 그에게 구한 그것을 얻은 줄을 안즉**
- **우리가 그에게 구한 그것을 얻은 줄을 또한 아느니라**

15 우리가 무엇이든지 구하는 바를 들으시는 줄을 안즉 우리가 그에
게 구한 그것을 얻은 줄을 안즉 우리가 그에게 구한 그것을 얻은 줄
을 또한 아느니라

16 누구든지 형제가 사망에 이르지 아니하는 죄 범하는 것을 보거
든 구하라 그리하면 사망에 이르지 아니하는 범죄자들을 위하여 그
에게 생명을 주시리라 사망에 이르는 죄가 있으니 이에 관하여 나는
구하라 하지 않노라

- **모든 불의가 죄로되 사망에 이르지 아니하는 죄도 있도다**

17 모든 불의가 죄로되 사망에 이르지 아니하는 죄도 있도다

18 하나님께로부터 난 자는 다 범죄하지 아니하는 줄을 우리가 아노
라 하나님께로부터 나신 자가 그를 지키시매 악한 자가 그를 만지지
도 못하느니라

- **또 아는 것은 우리는 하나님께 속하고**
- **온 세상은 악한 자 안에 처한 것이며**

19 또 아는 것은 우리는 하나님께 속하고 온 세상은 악한 자 안에 처
한 것이며

- **하나님의 아들이 이르러 우리에게 지각을 주사 우리로**
- **참된 자를 알게 하신 것과 또한 우리가 참된 자**
- **곧 그의 아들 예수 그리스도 안에 있는 것이니**
- **그는 참 하나님이시요 영생이시라**

20 또 아는 것은 하나님의 아들이 이르러 우리에게 지각을 주사 우
리로 참된 자를 알게 하신 것과 또한 우리가 참된 자 곧 그의 아들 예
수 그리스도 안에 있는 것이니 그는 참 하나님이시요 영생이시라

- **자녀들아 너희 자신을 지켜 우상에게서 멀리하라**

21 자녀들아 너희 자신을 지켜 우상에게서 멀리하라 (요일5:1~21)

6.

이기는 자

■ 무릇 하나님께로부터 난 자마다 세상을 이기느니라 세상을 이기는 승리는 이것이니 우리의 믿음이니라 예수께서 하나님의 아들이심을 믿는 자가 아니면 세상을 이기는 자가 누구냐 (요일5:4~5)*

* 시몬 베드로가 대답하여 이르시되 주는 그리스도시요 살아계신 하나님의 아들이시니이다 (마16:16)

■ 귀 있는 자는 성령이 교회들에게 하시는 말씀을 들을지어다 이기는 그에게는 내가 하나님의 낙원에 있는 생명나무의 열매를 주어 먹게 하리라 (계2:7)*

* 1 또 그가 수정같이 맑은 생명수의 강을 내게 보이니 하나님과 및 어린 양의 보좌로부터 나와서
2 길 가운데로 흐르더라 강 좌우에 생명나무가 있어 열두 가지 열매를 맺되 달마다 그 열매를 맺고 그 나무 잎사귀들은 만국을 치료하기 위하여 있더라 (계22:1~2)

■ 귀 있는 자는 성령이 교회들에게 하시는 말씀을 들을지어다 이기는 자는 둘째 사망의 해를 받지 아니하리라 (계2:11)*

* 4 또 내가 보좌들을 보니 거기에 앉은 자들이 있어 심판하는 권세를 받았더라 또 내가 보니 예수를 증언함과 하나님의 말씀 때문에 목 베임을 당한 자들의 영혼들과 또 짐승과 그의 우상에게 경배하지 아니하고 그들의 이마와 손에 그의 표를 받지 아니한 자들이 살아서 그리스도와 더불어 천 년 동안 왕 노릇 하니

5 (그 나머지 죽은 자들은 그 천 년이 차기까지 살지 못하더라) 이는 첫째 부활이라

6 이 첫째 부활에 참여하는 자들은 복이 있고 거룩하도다 둘째 사망이 그들을 다스리는 권세가 없고 도리어 그들이 하나님과 그리스도의 제사장이 되어 천 년 동안 그리스도와 더불어 왕 노릇 하리라 (계20:4~6)

■ 귀 있는 자는 성령이 교회들에게 하시는 말씀을 들을지어다 이기는 그에게는 내가 감추었던 만나를 주고 또 흰 돌*을 줄 터인데 그 돌 위에 새 이름을 기록한 것이 있나니 받는 자밖에는 그 이름을 알 사람이 없느니라 (계2:17)

* 다 같은 신령한 음료를 마셨으니 이는 그들을 따르는 신령한 반석으로부터 마셨으매 그 반석은 곧 그리스도시라 (고전10:4)

■ 이기는 자와 끝까지 내 일을 지키는 그에게 만국을 다스리는 권세를 주리니 (계2:26)

■ 이기는 자는 이와 같이 흰옷을 입을 것이요 내가 그 이름을 생명책에서 결코 지우지 아니하고 그 이름을 내 아버지 앞과 그의 천사들 앞에서 시인하리라 (계3:5)*

* 13 장로 중 하나가 응답하여 나에게 이르되 이 흰옷 입은 자들이 누구며 또 어디서 왔느냐

14 내가 말하기를 내 주여 당신이 아시나이다 하니 그가 나에게 이르되 이
는 큰 환난에서 나오는 자들인데 어린 양의 피에 그 옷을 씻어 희게 하였
느니라
15 그러므로 그들이 하나님 보좌 앞에 있고 또 그의 성전에서 밤낮 하나님
을 섬기매 보좌에 앉으신 이가 그들 위에 장막을 치시리니
16 그들이 다시는 주리지도 아니하며 목마르지도 아니하고 해나 아무 뜨거
운 기운에 상하지도 아니하리니
17 이는 보좌 가운데에 계신 어린 양이 그들의 목자가 되사 생명수 샘으로
인도하시고 하나님께서 그들의 눈에서 모든 눈물을 씻어 주실 것임이라
(계7:13~17)

■ **이기는 자는 내 하나님 성전에 기둥이 되게 하리니 그가 결코 다시 나가지 아니하리라 내가 하나님의 이름과 하나님의 성 곧 하늘에서 내 하나님께로부터 내려오는 새 예루살렘의 이름과 나의 새 이름을 그이 위에 기록하리라 (계3:12)***

* 3 다시 저주가 없으며 하나님과 그 어린 양의 보좌가 그 가운데에 있으리니 그의 종들이 그를 섬기며
4 그의 얼굴을 볼 터이요 그의 이름도 그들의 이마에 있으리라 (계22:3~4)

■ **또 내가 보니 보라 어린 양이 시온 산에 섰고 그와 함께 십사만사천이 서 있는데 그들의 이마에는 어린 양의 이름과 그 아버지의 이름을 쓴 것이 있더라 (계14:1)**

7.

인내와 기도

- **그러므로 형제들아 주께서 강림하시기까지 길이 참으라**

7 그러므로 형제들아 주께서 강림하시기까지 길이 참으라 보라 농부가 땅에서 나는 귀한 열매를 바라고 길이 참아 이른 비와 늦은 비를 기다리나니

- **길이 참고 마음을 굳건하게 하라 주의 강림이 가까우니라**

8 너희도 길이 참고 마음을 굳건하게 하라 주의 강림이 가까우니라

- **형제들아 서로 원망하지 말라 그리하여야**
- **심판을 면하리라 보라 심판주가 문밖에 서 계시니라**

9 형제들아 서로 원망하지 말라 그리하여야 심판을 면하리라 보라 심판주가 문밖에 서 계시니라

- **선지자들을 고난과 오래 참음의 본으로 삼으라**

10 형제들아 주의 이름으로 말한 선지자들을 고난과 오래 참음의 본으로 삼으라

- **주는 가장 자비하시고 긍휼히 여기시는 이시니라**

11 보라 인내하는 자를 우리가 복되다 하나니 너희가 욥의 인내를 들었고 주께서 주신 결말을 보았거니와 주는 가장 자비하시고 긍휼히 여기시는 이시니라

- **오직 너희가 그렇다고 생각하는 것은 그렇다 하고**
- **아니라고 생각하는 것은 아니라 하여 정죄 받음을 면하라**

12 내 형제들아 무엇보다도 맹세하지 말지니 하늘로나 땅으로나 아무 다른 것으로도 맹세하지 말고 오직 너희가 그렇다고 생각하는 것은 그렇다 하고 아니라고 생각하는 것은 아니라 하여 정죄 받음을 면하라

- **너희 중에 고난당하는 자가 있느냐 그는 기도할 것이요**
- **즐거워하는 자가 있느냐 그는 찬송할지라**

13 너희 중에 고난당하는 자가 있느냐 그는 기도할 것이요 즐거워하는 자가 있느냐 그는 찬송할지니라

- **너희 중에 병든 자가 있느냐 그는 교회의 장로들을**
- **청할 것이요 그들은 주의 이름으로**
- **기름을 바르며 그를 위하여 기도할지니라**

14 너희 중에 병든 자가 있느냐 그는 교회의 장로들을 청할 것이요 그들은 주의 이름으로 기름을 바르며 그를 위하여 기도할지니라

- **믿음의 기도는 병든 자를 구원하리니 주께서 그를**
- **일으키시리라 혹시 죄를 범하였을지라도 사함을 받으리라**

15 믿음의 기도는 병든 자를 구원하리니 주께서 그를 일으키시리라 혹시 죄를 범하였을지라도 사하심을 받으리라

▪ **너희 죄를 서로 고백하며 병이 낫기를 위하여**

▪ **서로 기도하라 의인의 간구는 역사하는 힘이 큼이니라**

16 그러므로 너희 죄를 서로 고백하며 병이 낫기를 위하여 서로 기도하라 의인의 간구는 역사하는 힘이 큼이니라

▪ **엘리야는 우리와 성정이 같은 사람이로되**

▪ **그가 비가 오지 않기를 간절히 기도한즉**

▪ **삼 년 육 개월 동안 땅에 비가 오지 아니하고**

17 엘리야는 우리와 성정이 같은 사람이로되 그가 비가 오지 않기를 간절히 기도한즉 삼 년 육 개월 동안 땅에 비가 오지 아니하고

▪ **다시 기도하니 하늘이 비를 주고 땅이 열매를 맺었느니라**

18 다시 기도하니 하늘이 비를 주고 땅이 열매를 맺었느니라

▪ **너희 중에 미혹되어 진리를 떠난 자를 누가 돌아서게 하면**

19 내 형제들아 너희 중에 미혹되어 진리를 떠난 자를 누가 돌아서게 하면

▪ **죄인을 미혹된 길에서 돌아서게 하는 자가 그의 영혼을**

▪ **사망에서 구원할 것이며 허다한 죄를 덮을 것임이라**

20 너희가 알 것은 죄인을 미혹된 길에서 돌아서게 하는 자가 그의 영혼을 사망에서 구원할 것이며 허다한 죄를 덮을 것임이라 (약 5:7~20)

8.

산 돌과 하나님의 백성

● 산 돌과 하나님의 백성

1 그러므로 모든 악독과 모든 기만과 외식과 시기와 모든 비방하는 말을 버리고

- **갓난 아기들같이 순전하고 신령한 젖을 사모하라**
- **그로 말미암아 너희로 구원에 이르도록 자라게 하려 함이라**

2 갓난 아기들같이 순전하고 신령한 젖을 사모하라 이는 그로 말미암아 너희로 구원에 이르도록 자라게 하려 함이라

3 너희가 주의 인자하심을 맛보았으면 그리하라

- **사람에게는 버린 바가 되었으나 하나님께는**
- **택하심을 입은 보배로운 산 돌이신 예수께 나아가**

4 사람에게는 버린 바가 되었으나 하나님께는 택하심을 입은 보배로운 산 돌이신 예수께 나아가

▪ 너희도 산 돌같이 신령한 집으로 세워지고

▪ 예수 그리스도로 말미암아 하나님이 기쁘게 받으실

▪ 신령한 제사를 드릴 거룩한 제사장이 될지니라

5 너희도 산 돌같이 신령한 집으로 세워지고 예수 그리스도로 말미
암아 하나님이 기쁘게 받으실 신령한 제사를 드릴 거룩한 제사장이
될지니라

6 성경에 기록되었으되 보라 내가 택한 보배로운 모퉁잇돌을 시온
에 두노니 그를 믿는 자는 부끄러움을 당하지 아니하리라 하였으니
7 그러므로 믿는 너희에게는 보배이나 믿지 아니하는 자에게는 건
축자들이 버린 그 돌이 모퉁이의 머릿돌이 되고

▪ 그들이 말씀을 순종하지 아니하므로 넘어지나니

▪ 이는 그들을 이렇게 정하신 것이라

8 또한 부딪치는 돌과 걸려 넘어지게 하는 바위가 되었다 하였느니
라 그들이 말씀을 순종하지 아니하므로 넘어지나니 이는 그들을 이
렇게 정하신 것이라

▪ 그러나 너희는 택하신 족속이요 왕 같은 제사장들이요

▪ 거룩한 나라요 그의 소유가 된 백성이니

9 그러나 너희는 택하신 족속이요 왕 같은 제사장들이요 거룩한 나
라요 그의 소유가 된 백성이니 이는 너희를 어두운 데서 불러 내어 그
의 기이한 빛에 들어가게 하신 이의 아름다운 덕을 선포하게 하려 하
심이라

▪ 너희가 전에는 백성이 아니더니 이제는 하나님의 백성이요

■ **전에는 긍휼을 얻지 못하였더니 이제는 긍휼을 얻은 자니라**

10 너희가 전에는 백성이 아니더니 이제는 하나님의 백성이요 전에
는 긍휼을 얻지 못하였더니 이제는 긍휼을 얻은 자니라

● 하나님의 종과 같이 하라

11 사랑하는 자들아 거류민과 나그네 같은 너희를 권하노니 영혼을
거슬러 싸우는 육체의 정욕을 제어하라
12 너희가 이방인 중에서 행실을 선하게 가져 너희를 악행한다고 비
방하는 자들로 하여금 너희 선한 일을 보고 오시는 날에 하나님께
영광을 돌리게 하려 함이라
13 인간의 모든 제도를 주를 위하여 순종하되 혹은 위에 있는 왕이나
14 혹은 그가 악행하는 자를 징벌하고 선행하는 자를 포상하기 위하
여 보낸 총독에게 하라
15 곧 선행으로 어리석은 사람들의 무식한 말을 막으시는 것이라
16 너희는 자유가 있으나 그 자유로 악을 가리는 데 쓰지 말고 오직
하나님의 종과 같이 하라
17 뭇 사람을 공경하며 형제를 사랑하며 하나님을 두려워하며 왕을
존대하라

● 그리스도의 고난

18 사환들아 범사에 두려워함으로 주인들에게 순종하되 선하고 관
용하는 자들에게만 아니라 또한 까다로운 자들에게도 그리하라

19 부당하게 고난을 받아도 하나님을 생각함으로 슬픔을 참으면 이
는 아름다우나
20 죄가 있어 매를 맞고 참으면 무슨 칭찬이 있으리요 그러나 선을
행함으로 고난을 받고 참으면 이는 하나님 앞에 아름다우니라
21 이를 위하여 너희가 부르심을 받았으니 그리스도도 너희를 위하
여 고난을 받으사 너희에게 본을 끼쳐 그 자취를 따라오게 하려 하
셨느니라
22 그는 죄를 범하지 아니하시고 그 입에 거짓도 없으시며
23 욕을 당하시되 맞대어 욕하지 아니하시고 고난을 당하시되 위협
하지 아니하시고 오직 공의로 심판하시는 이에게 부탁하시며

- **친히 나무에 달려그 몸으로 우리 죄를 담당하셨으니**
- **이는 우리로 죄에 대하여 죽고 의에 대하여 살게 하려**
- **하심이라 그가 채찍에 맞으므로 너희는 나음을 얻었나니**

24 친히 나무에 달려 그 몸으로 우리 죄를 담당하셨으니 이는 우리
로 죄에 대하여 죽고 의에 대하여 살게 하려 하심이라 그가 채찍에
맞음으로 너희는 나음을 얻었나니

- **너희가 전에는 양과 같이 길을 잃었더니 이제는**
- **너희 영혼의 목자와 감독되신 이에게 돌아왔느니라**

25 너희가 전에는 양과 같이 길을 잃었더니 이제는 너희 영혼의 목
자와 감독 되신 이에게 돌아왔느니라 (벧전2:1~25)

9.

하나님의 날

1 사랑하는 자들아 내가 이제 이 둘째 편지를 너희에게 쓰노니 이 두
편지로 너희의 진실한 마음을 일깨워 생각나게 하여
2 곧 거룩한 선지자들이 예언한 말씀과 주 되신 구주께서 너희의 사
도들로 말미암아 명하신 것을 기억하게 하려 하노라
3 먼저 이것을 알지니 말세에 조롱하는 자들이 와서 자기의 정욕을
따라 행하며 조롱하여
4 이르되 주께서 강림하신다는 약속이 어디 있느냐 조상들이 잔 후
로부터 만물이 처음 창조될 때와 같이 그냥 있다 하니
5 이는 하늘이 옛적부터 있는 것과 땅이 물에서 나와 물로 성립된 것
도 하나님의 말씀으로 된 것을 그들이 일부러 잊으려 함이로다
6 이로 말미암아 그때에 세상은 물이 넘침으로 멸망하였으되

7 이제 하늘과 땅은 그 동일한 말씀으로 불사르기 위하여 보호하신 바 되어 경건하지 아니한 사람들의 심판과 멸망의 날까지 보존하여 두신 것이니라

8 사랑하는 자들아 주께는 하루가 천 년 같고 천 년이 하루 같다는 이 한 가지를 잊지 말라

- **주의 약속은 어떤 이들이 더디다고 생각하는 것같이 더딘**
- **것이 아니라 오직 주께서는 너희를 대하여 오래 참으사 아무도**
- **멸망하지 아니하고 다 회개하기에 이르기를 원하시느니라**

9 주의 약속은 어떤 이들이 더디다고 생각하는 것같이 더딘 것이 아니라 오직 주께서는 너희를 대하여 오래 참으사 아무도 멸망하지 아니하고 다 회개하기에 이르기를 원하시느니라

- **그러나 주의 날이 도둑같이 오리니 그날에는 하늘이**
- **큰 소리로 떠나가고 물질이 뜨거운 불에 풀어지고**
- **땅과 그 중에 있는 모든 일이 드러나리로다**

10 그러나 주의 날이 도둑같이 오리니 그날에는 하늘이 큰 소리로 떠나가고 물질이 뜨거운 불에 풀어지고 땅과 그 중에 있는 모든 일이 드러나리로다

- **이 모든 일이 이렇게 풀어지리니 너희가 어떠한**
- **사람이 되어야 마땅하냐 거룩한 행실과 경건함으로**

11 이 모든 것이 이렇게 풀어지리니 너희가 어떠한 사람이 되어야 마땅하냐 거룩한 행실과 경건함으로

■ **하나님의 날이 임하기를 바라보고 간절히 사모하라 그날에**

■ **하늘이 불에 타서 풀어지고 물질이 뜨거운 불에 녹아지려니와**

12 하나님의 날이 임하기를 바라보고 간절히 사모하라 그날에 하늘
이 불에 타서 풀어지고 물질이 뜨거운 불에 녹아지려니와

■ **우리는 그의 약속대로**

■ **의가 있는 곳인 새 하늘과 새 땅을 바라보도다**

13 우리는 그의 약속대로 의가 있는 곳인 새 하늘과 새 땅을 바라보
도다

■ **사랑하는 자들아 너희가 이것을 바라보나니 주 앞에서**

■ **점도 없고 흠도 없이 평강 가운데서 나타나기를 힘쓰라**

14 그러므로 사랑하는 자들아 너희가 이것을 바라보나니 주 앞에서
점도 없고 흠도 없이 평강 가운데서 나타나기를 힘쓰라

■ **또 우리 주의 오래 참으심이 구원이 될 줄로 여기라**

15 또 우리 주의 오래 참으심이 구원이 될 줄로 여기라 우리가 사랑
하는 형제 바울도 그 받은 지혜대로 너희에게 이같이 썼고

■ **그 중에 알기 어려운 것이 더러 있으니 무식한 자들과**

■ **굳세지 못한 자들이 다른 성경과 같이**

■ **그것도 억지로 풀다가 스스로 멸망에 이르느니라**

16 또 그 모든 편지에도 이런 일에 관하여 말하였으되 그 중에 알기
어려운 것이 더러 있으니 무식한 자들과 굳세지 못한 자들이 다른
성경과 같이 그것도 억지로 풀다가 스스로 멸망에 이르느니라

17 그러므로 사랑하는 자들아 너희가 이것을 미리 알았은즉 무법한
자들의 미혹에 이끌려 너희가 굳센 데서 떨어질까 삼가라
18 오직 우리 주 곧 구주 예수 그리스도의 은혜와 그를 아는 지식에
서 자라 가라 영광이 이제와 영원한 날까지 그에게 있을지어다 (벧
후 3:1~18)

제5부

마귀의 간계를 대적하기 위하여 하나님의 전신갑주를 입으라

1.

마귀를 대적하라 그리하면 너희를 피하리라

● 자신은 믿음이 좋은 성도라면서 믿음이 다르고 은사가 다른 성도들을 이단이라고 비난하는 당신이 반드시 알아 두어야 할 말씀이다

"그들에게 이르기를 여호와의 말씀에 내 삶을 두고 맹세하노라 너희 말이 내 귀에 들린 대로 내가 너희에게 행하리니" (민14:28)

1 그러므로 내가 너희에게 이르노니 사람에 대한 모든 죄와 모독은 사하심을 얻되 성령을 모독하는 것은 사하심을 얻지 못하겠고

2 또 누구든지 말로 인자를 거역하면 사하심을 얻되 누구든지 말로 성령을 거역하면 이 세상과 오는 세상에서도 사하심을 얻지 못하리라 (마12:31~32)

● 당신이 무심코 "성령으로 귀신을 쫓아내거나, 성령으로 병자를 고치거나, 성령으로 기도하는 방언기도"를 잘 알지 못하여 멸시하거

나 이단이라고 비난함으로 성령훼방죄를 짓게 된다면 그에 따른 죄값은 위의 말씀에 극명하게 나타나 있음을 알 수 있다 그리 하여도 믿음이 다르고 은사가 다른 성도들을 함부로 이단이라고 비난하는 것이 옳은 일이라고 생각되는가? "죄를 짓는 자는 마귀에게 속하나니 마귀는 처음부터 범죄함이라 하나님의 아들이 나타나신 것은 마귀의 일을 멸하려 하심이라" (요일3:8) 말씀을 바로 알고 말씀 따라 살기를 힘써야 할 것이다

● "평안의 매는 줄로 성령이 하나되게 하신 것을 힘써 지키라" (엡4:3) 고 하나님이 말씀하신다

"하나님을 사랑하는 것은 그의 계명을 지키는 것"이다 (요일5:3)

"내 계명은 곧 내가 너희를 사랑한 것같이 너희도 서로 사랑하라"는 것이다 (요15:12)

"예수께서 이르시되 네 마음을 다하고 목숨을 다하고 뜻을 다하여 주 너의 하나님을 사랑하라 하셨으니 이것이 크고 첫째 되는 계명이요 둘째도 그와 같으니 네 이웃을 네 자신 같이 사랑하라 하셨으니" (마 22:37~39) "하나님 사랑 이웃 사랑" 이 계명을 지키라고 하신다"

"~ 이 옛 계명은 너희가 들은 바 말씀(히4:12~13) 이거니와" (요일2:7)

"평안의 매는 줄로 성령이 하나 되게 하신 것을 힘써 지키라" (엡4:3) 고 말씀하신다

"그의 계명을 지키지 아니하는 자는 거짓말하는 자요" (요일2:4)

"~ 거짓말하는 모든 자들은 불과 유황으로 타는 못(지옥)에 던져지리니 이것이 둘째 사망이라" (계21:8)

"영혼 없는 몸이 죽은 것같이 행함이 없는 믿음은 죽은 것이니라" (약2:26)

● 하지만 이 나라 목사님들은 교리, 교단만 중요시 그것들을 지키라고 가르치고 있다

374개 교단으로 갈라 서로 담을 쌓고, 말씀(요1:1, 14)이 육신이 되어 이 땅에 오신 예수님(요14:6)을 교리라는 명분으로 374분의 예수님으로 만들어 놓고. 어찌할꼬? "너희는 그리스도의 몸이요 지체의 각 부분이라" (고전12:27) 말씀을 바로 알지 못하기 때문이다. 신학을 공부하고 목사님이라면서. "여호와의 말씀을 듣지 못한 기갈이라" (암8:11) "예수님의 말을 들을 줄 알지 못함이로다" (요8:43) 그들 속에 진리의 영(요16:13)이 없기 때문이다. 성령의 이끄심(요15:26)이 없이 자기 생각대로 (롬8:9, 요15:5, 벧후3:16, 계22:18~19) 목회하기 때문이다. "너희가 악할지라도 좋은 것을 자식에게 줄 줄 알거든 하물며 너희 하늘 아버지께서 구하는 자에게 성령을 주시지 않겠느냐 하시니라" (눅11:13) "구하는 이마다 받을 것이요 찾는 이는 찾아낼 것이요 두드리는 이에게는 열릴 것이니라" (눅11:10) "너는 마음을 다하여 여호와를 신뢰하고 네 명철을 의지하지 말라" (잠3:5) 말씀(요1:14, 히4:12~13)이 곧 생명(요14:6)이요 성경(눅24:44~49)이다. "너희는 믿음 안에 있는가 너희 자신을 시험하고 너희 자신을 확증하라 예수 그리스도께서 너희 안에 계신 줄을 너희가 스스로 알지 못하느냐 그렇지 않으면 버림받은 자니라" (고후13:5) "예수께서 대답하시되 진실로 진실로 네게 이르노니 사람이 물과 성령으로 나지 아니하

면 하나님의 나라에 들어갈 수 없느니라" (요3:5) "진리를 알지니 진리가 너희를 자유롭게 하리라" (요8:32) 그러나 그들은 처음부터 말씀 알기를 게을리 하여 말씀대로 목회하려 하지 않기 때문일 것이다. 모든 목사님들이 다 그렇다는 것은 아니다.

● 위의 말씀을 보고도 교리, 교단만 고집하고 지킬 것인가?

사탄의 궤계에 속지 말아야 한다 "이는 우리로 사탄에게 속지 않게 하려 함이라 우리는 그 계책을 알지 못하는 바가 아니로라" (고후2:11) 마태복음 23장 13, 15절 말씀을 통해 눈물이 폭포수처럼 쏟아지는 참 회개가 일어나길 바랄 뿐이다. 이 글은 성령의 감동하심과 인도하심으로 쓰여지게 되었다. 왜 이런 글이 쓰여지게 되었을까? 말씀과 성령 안에서 생명의 바른 길로 인도하시려는 하나님의 긍휼과 자비와 사랑이 아니겠는가 "우리 주 예수 그리스도의 하나님, 영광의 아버지께서 지혜와 계시의 영을 너희에게 주사 하나님을 알게 하시고" (엡1:17) "~ 하나님이 처음부터 너희를 택하사 성령의 거룩하게 하심과 진리(요14:6, 17:17, 요15:26)를 믿음으로 구원을 받게 하심이니" (살후2:13) "하나님은 모든 사람이 구원을 받으며 진리를 아는 데에 이르기를 원하시느니라" (딤전2:4) 베드로후서 3장 9절 말씀에 "오직 주께서는 너희를 대하여 오래 참으사 아무도 멸망하지 아니하고 다 회개하기에 이르기를 원하시느니라"

2.

당신은 진리에 서 있는 자인가 진리에 서지 못한 자인가

당신은 진리에 서 있는 자인가 진리에 서지 못한 자인가 정체성을 분명히 해야 할 것이다. "교리가 진리다"라는 말씀은 성경 말씀 어디에도 없다 사탄의 궤계에 속지 말라

- **이미 있는 진리에 서 있으나 (그리스도에게 속한 자)**

그러므로 너희가 이것을 알고 이미 있는 진리(요14:6, 17:17, 15:26)에 서 있으나 내가 항상 너희에게 생각나게 하려 하노라 (벧후1:12)

- **그의 계명을 지키는 자는 주 안에 거하고**

그의 계명(요일2:7)을 지키는 자는 주(마16:16, 요14:6) 안에 거하고 주는 그의 안에 거하시나니 우리에게 주신 성령(행2:18, 33)으로 말미암아 그가 우리 안에 거하시는 줄을 우리가 아느니라 (요일3:24)

- **살아서 그리스도와 더불어 천 년 동안 왕 노릇 하니**

4 또 내가 보좌들을 보니 거기에 앉은 자들이 있어 심판하는 권세를 받았더라 또 내가 보니 예수를 증언함과 하나님의 말씀 때문에 목 베임을 당한 자들의 영혼들과 또 짐승과 그의 우상에게 경배하지 아니하고 그들의 이마와 손에 그의 표를 받지 아니한 자들*이 살아서 그리스도와 더불어 천 년 동안 왕 노릇하니

* (요3:5〈마3:11, 벧전3:21, 행2:1~4, 행19:1~6), b(요5:24, 벧후1:12, 요일3:24)

5 (그 나머지 죽은 자들(요3:18)은 그 천 년이 차기까지 살지 못하더라)

- **둘째 사망이 그들을 다스리는 권세가 없고**
- **천 년 동안 그리스도와 더불어 왕 노릇 하리라**

6 이 첫째부활에 참여하는 자들은 복이 있고 거룩하도다 둘째 사망이 그들을 다스리는 권세가 없고 도리어 그들이 하나님과 그리스도의 제사장이 되어 천 년 동안 그리스도와 더불어 왕 노릇 하리라 (계20:6)

- **진리가 그 속에 없으므로 진리에 서지 못하고 (마귀에게 속한 자)**

큰 용이 내쫓기니 옛 뱀 곧 마귀라고도 하고 사탄이라고도 하며 온 천하를 꾀는 자라 그가 땅으로 내쫓기니 그의 사자들도 그와 함께 내쫓기니라 (계12:9)

- **진리가 그 속에 없으므로 진리에 서지 못하고**

너희는 너희 아비 마귀에게서 났으니 너희 아비의 욕심대로 너희도 행하고자 하느니라 그는 처음부터 살인한 자요 진리가 그 속에 없으므로 진리(요14:6, 17:17, 15:26)에 서지 못하고 거짓을 말할 때마다 제 것으로 말하나니 이는 그가 거짓말쟁이요 거짓의 아비가 되었음이라 (요8:44)

▪ **또 그들을 미혹하는 마귀가 불과 유황못에 던져지니**

또 그들을 미혹하는 마귀가 불과 유황못에 던져지니 거기는 그 짐승과 거짓 선지자도 있어 세세토록 밤낮 괴로움을 받으리라 (계20:10)

▪ **크고 흰 보좌에서 심판을 내리시다**

11 또 내가 크고 흰 보좌와 그 위에 앉으신 이를 보니 땅과 하늘이 그 앞에서 피하여 간 데 없더라

12 또 내가 보니 죽은 자들(요3:18, 요일3:8, 살후2:12, 계21:8, 요일3:10)이 큰 자나 작은 자나 그 보좌 앞에 서 있는데 책들이 펴 있고 또 다른 책이 펴졌으니 곧 생명책이라 죽은 자들이 자기 행위를 따라 책들에서 기록된 대로 심판을 받으니

▪ **각 사람이 자기의 행위대로 심판을 받고**

13 바다가 그 가운데에서 죽은 자들을 내주고 또 사망과 음부도 그 가운데에서 죽은 자들을 내주매 각 사람이 자기의 행위대로 심판을 받고

14 사망과 음부도 불못에 던져지니 이것은 둘째 사망 곧 불못이라

▪ **생명책에 기록되지 못한 자는 불못에 던져지더라**

15 누구든지 생명책에 기록되지 못한 자는 불못에 던져지더라 (계20:13~15)

"그런즉 너희는 먼저 그의 나라(눅17:21, 요2:21, 계21:22~)와 그의 의(롬3:19~)를 구하라 그리하면 이 모든 것을 너희에게 더하시리라" (6:33)

3.

666

(육백육십육: 마귀와 그의 사자들, 계13:18)

1 내가 보니 바다에서 한 짐승이 나오는데 뿔이 열이요 머리가 일곱
이라 그 뿔에는 열 왕관이 있고 그 머리들에는 신성모독 하는 이름
들이 있더라,
3 그의 머리 하나가 상하여 죽게 된 것 같더니 그 죽게 되었던 상처
가 나으매 온 땅이 놀랍게 여겨 짐승을 따르고,

- **큰 용이 내쫓기니 옛 뱀 곧 마귀라고도 하고 사탄이라고도**
- **하며 온 천하를 꾀는 자라 그가 땅으로**
- **내쫓기니 그의 사자들도 그와 함께 내쫓기니라**

9 큰 용이 내쫓기니 옛 뱀 곧 마귀라고도 하고 사탄이라고도 하며 온
천하를 꾀는 자라 그가 땅으로 내쫓기니 그의 사자들도 그와 함께
내쫓기니라,

▪ **용이 짐승에게 권세를 주므로 용에게 경배하며**

4 용이 짐승에게 권세를 주므로 용에게 경배하며 짐승에게 경배하여 이르되 누가 이 짐승과 같으냐 누가 능히 이와 더불어 싸우리요 하더라,

11 내가 보매 또 다른 짐승이 땅에서 올라오니 어린 양같이 두 뿔이 있고 용처럼 말을 하더라

12 그가 먼저 나온 짐승의 모든 권세를 그 앞에서 행하고 땅과 땅에 사는 자들을 처음 짐승에게 경배하게 하니 곧 죽게 되었던 상처가 나은 자니라,

16 그가 모든 자 곧 작은 자나 큰 자나 부자나 가난한 자나 자유인이나 종들에게 그 오른손에나 이마에 표를 받게 하고

17 누구든지 이 표를 가진 자 외에는 매매를 못하게 하니 이 표는 곧 짐승의 이름이나 그 이름의 수라

▪ **총명한 자는 그 짐승의 수를 세어 보라**

▪ **그것은 사람의 수니 그의 수는 육백육십육이니라**

18 지혜가 여기 있으니 총명한 자는 그 짐승의 수를 세어 보라 그것은 사람의 수니 그의 수는 육백육십육이니라,

41 또 왼편에 있는 자들에게 이르시되 저주를 받은 자들아 나를 떠나 마귀와 그 사자들을 위하여 예비된 영원한 불에 들어가라,

▪ **그 짐승과 땅의 임금들과 그들의 군대들이 모여**

▪ **그 말탄 자와 그의 군대와 더불어 전쟁을 일으키다가**

19 또 내가 보매 그 짐승과 땅의 임금들과 그들의 군대들이 모여 그

말 탄 자와 그의 군대(계19:11~16)와 더불어 전쟁을 일으키다가

20 짐승이 잡히고 그 앞에서 표적을 행하던 거짓 선지자도 잡혔으니 이는 짐승의 표를 받고 그의 우상에게 경배하던 자들을 표적으로 미혹하던 자라 이 둘이 산 채로 유황불 붙는 못에 던져지고,

10 또 그들을 미혹하는 마귀가 불과 유황못에 던져지니 거기는 그 짐승과 거짓 선지자도 있어 세세토록 밤낮 괴로움을 받으리라 (계13:1,3, 12:9, 13:4, 11~12, 16~18, 마25:41, 계19:19~20, 20;10)

● 여호와께서 사탄에게 이르시되 내가 그의 소유물을

12 여호와께서 사탄에게 이르시되 내가 그의 소유물을 다 네 손에 맡기노라 다만 그의 몸에는 네 손을 대지 말지니라 사탄이 곧 여호와 앞에서 물러가니라

6 여호와께서 사탄에게 이르시되 내가 그를 네 손에 맡기노라 다만 그의 생명은 해하지 말지니라

7 사탄이 이에 여호와 앞에서 물러가서 욥을 쳐서 그의 발바닥에서 정수리까지 종기가 나게 한지라(욥1:12, 2:6~7)

● 여호와의 영이 사울에게서 떠나고 여호와께서 부리시는

여호와의 영이 사울에게서 떠나고 여호와께서 부리시는 악령이 그를 번뇌하게 한지라 (삼상16:14)

● 마귀가 벌써 시몬의 아들 가룟 유다의 마음에 예수를

2 마귀가 벌써 시몬의 아들 가룟 유다의 마음에 예수를 팔려는 생각을 넣었더라,

27 조각을 받은 후 곧 사탄이 그 속에 들어간지라 이에 예수께서 유
다에게 이르시되 네가 하는 일을 속히 하라 하시니 (요13:2, 27)

● 거기는 사탄의 권좌가 있는 데라

네가 어디에 사는지를 내가 아노니 거기는 사탄의 권좌가 있는 데라 네가 내 이름을 굳게 잡아서 내 충성된 증인 안디바가 너희 가운데 곧 사탄이 사는 곳에서 죽임을 당할 때에도 나를 믿는 믿음을 저버리지 아니하였도다 (계2:13)

● 뱀이 여자에게 물어 이르되 하나님이 참으로 열매를 먹지

1 그런데 뱀은 여호와 하나님이 지으신 들짐승 중에 가장 간교하니
라 뱀이 여자에게 물어 이르되 하나님이 참으로 너희에게 동산 모든
나무의 열매를 먹지 말라 하시더냐
2 여자가 뱀에게 말하되 동산 나무의 열매를 우리가 먹을 수 있으나
3 동산 중앙에 있는 나무의 열매는 하나님의 말씀에 너희는 먹지도
말고 만지지도 말라 너희가 죽을까 하노라 하셨느니라
4 뱀이 여자에게 이르되 너희가 결코 죽지 아니하리라
5 너희가 그것을 먹는 날에는 너희 눈이 밝아져 하나님과 같이 되어
선악을 알 줄 하나님이 아심이니라 (창3:1~5)

● 예수께서 성령에게 이끌리어 마귀에게 시험을 받으러

1 그때에 예수께서 성령에게 이끌리어 마귀에게 시험을 받으러 광야
로 가사
2 사십 일을 밤낮으로 금식하신 후에 주리신지라
3 시험하는 자가 예수께 나아와서 이르되 네가 만일 하나님의 아들

이어든 명하여 이 돌들로 떡덩이가 되게 하라
4 예수께서 대답하여 이르시되 기록되었으되 사람이 떡으로만 살
것이 아니요 하나님의 입으로부터 나오는 모든 말씀으로 살 것이라
하였느니라 하시니
5 이에 마귀가 예수를 거룩한 성으로 데려다가 성전 꼭대기에 세우고
6 이르되 네가 만일 하나님의 아들이어든 뛰어내리라 기록되었으되
그가 너를 위하여 그의 사자들을 명하시리니 그들이 손으로 너를 받
들어 발이 돌에 부딪치지 않게 하리로다 하였느니라
7 예수께서 이르시되 또 기록되었으되 주 너의 하나님을 시험하지
말라 하였느니라 하시니
8 마귀가 또 그를 데리고 지극히 높은 산으로 가서 천하 만국과 그
영광을 보여
9 이르러 만일 내게 엎드려 경배하면 이 모든 것을 네게 주리라
10 이에 예수께서 말씀하시되 사탄아 물러가라 기록되었으되 주 너
의 하나님께 경배하고 다만 그를 섬기라 하였느니라
11 이에 마귀는 예수를 떠나고 천사들이 나아와서 수종드니라 (마
4:1~11)

● 죄를 짓는 자는 마귀에게 속하나니

죄를 짓는 자는 마귀에게 속하나니 마귀는 처음부터 범죄함이라 하나님의 아들이 나타나신 것은 마귀의 일을 멸하려 하심이라 (요일3:8)

4.

너희 대적 마귀가 우는 사자같이 두루 다니며 삼킬 자를 찾나니

- **근신하라 깨어라 너희 대적 마귀가 우는 사자같이**
- **두루 다니며 삼킬 자를 찾나니**

8 근신하라 깨어라 너희 대적 마귀가 우는 사자같이 두루 다니며 삼킬 자를 찾나니

- **너희는 믿음을 굳건하게 하여 그를 대적하라**

9 너희는 믿음을 굳건하게 하여 그를 대적하라 이는 세상에 있는 너희 형제들도 동일한 고난을 당하는 줄을 앎이라 (벧전5:8~9)

- **그런즉 너희는 하나님께 복종할지어다**
- **마귀를 대적하라 그리하면 너희를 피하리라**

그런즉 너희는 하나님께 복종할지어다 마귀를 대적하라 그리하면 너희를 피하리라 (약4:7)

■ **하나님이 나사렛 예수에게 성령과 능력을 기름 붓듯**

■ **하셨으매 그가 두루 다니시며 선한 일을 행하시고**

■ **마귀에게 눌린 모든 사람을 고치셨으니**

■ **이는 하나님이 함께 하셨음이라**

하나님이 나사렛 예수에게 성령과 능력을 기름 붓듯 하셨으매 그가 두루 다니시며 선한 일을 행하시고 마귀에게 눌린 모든 사람을 고치셨으니 이는 하나님이 함께 하셨음이라 (행10:38)

14 자녀들은 혈과 육에 속하였으매 그도 또한 같은 모양으로 혈과 육을 함께 지니심은 죽음을 통하여 죽음의 세력을 잡은 자 곧 마귀를 멸하시며

15 또 죽기를 무서워하므로 한평생 매여 종노릇 하는 모든 자들을 놓아주려 하심이니 (히2:14~15)

● 마귀를 대적하는 싸움

10 끝으로 너희가 주 안에서와 그 힘의 능력으로 강건하여지고

■ **마귀의 간계를 능히 대적하기 위하여**

■ **하나님의 전신갑주를 입으라**

11 마귀의 간계를 능히 대적하기 위하여 하나님의 전신갑주를 입으라

12 우리의 씨름은 혈과 육을 상대하는 것이 아니요 통치자들과 권세들과 이 어둠의 세상 주관자들과 하늘에 있는 악의 영들을 상대함이라

13 그러므로 하나님의 전신갑주를 취하라 이는 악한 날에 너희가 능

히 대적하고 모든 일을 행한 후에 서기 위함이라
14 그런즉 서서 진리로 너희 허리띠를 띠고 의의 호심경을 붙이고
15 평안의 복음이 준비한 것으로 신을 신고
16 모든 것 위에 믿음의 방패를 가지고 이로써 능히 악한 자의 모든
불화살을 소멸하고
17 구원의 투구와 성령의 검 곧 하나님의 말씀을 가지라 (엡6:10~17)

제6부

말씀이 그들에게 유익하지 못한 것은 듣는 자가 믿음과 결부시키지 아니 함이라

1.

생명의 성령의 법

▪ 그러므로 이제 그리스도 예수 안에 있는 자에게는

▪ 결코 정죄함이 없나니

1 그러므로 이제 그리스도 예수 안에 있는 자에게는 결코 정죄함이
없나니

▪ 이는 그리스도 예수 안에 있는 생명의 성령의 법이

▪ 죄와 사망의 법에서 너를 해방하였음이라

2 이는 그리스도 예수 안에 있는 생명의 성령의 법이 죄와 사망의 법
에서 너를 해방하였음이라
3 율법이 육신으로 말미암아 연약하여 할 수 없는 그것을 하나님은
하시나니 곧 죄로 말미암아 자기 아들을 죄 있는 육신의 모양으로
보내어 육신에 죄를 정하사

▪ 육신을 따르지 않고 그 영을 따라 행하는 우리에게

■ **율법의 요구가 이루어지게 하려 하심이니라**

4 육신을 따르지 않고 그 영을 따라 행하는 우리에게 율법의 요구가 이루어지게 하려 하심이니라

■ **육신을 따르는 자는 육신의 일을**

■ **영을 따르는 자는 영의 일을 생각하나니**

5 육신을 따르는 자는 육신의 일을, 영을 따르는 자는 영의 일을 생각하나니

■ **육신의 생각은 사망이요 영의 생각은 생명과 평안이라**

6 육신의 생각은 사망이요 영의 생각은 생명과 평안이라

■ **육신의 생각은 하나님과 원수가 되나니 이는**

■ **하나님의 법에 굴복하지 아니할 뿐 아니라 할 수도 없음이라**

7 육신의 생각은 하나님과 원수가 되나니 이는 하나님의 법에 굴복하지 아니할 뿐 아니라 할 수도 없음이라

■ 육신에 있는 자들은 하나님을 기쁘시게 할 수 없느니라

8 육신에 있는 자들은 하나님을 기쁘시게 할 수 없느니라

■ **만일 너희 속에 하나님의 영이 거하시면**

■ **너희가 육신에 있지 아니하고 영에 있나니 누구든지**

■ **그리스도의 영이 없으면 그리스도의 사람이 아니라**

9 만일 너희 속에 하나님의 영이 거하시면 너희가 육신에 있지 아니하고 영에 있나니 누구든지 그리스도의 영이 없으면 그리스도의 사람이 아니라

■ **또 그리스도께서 너희 안에 계시면 몸은 죄로 말미암아**

- **죽은 것이나 영은 의로 말미암아 살아있는 것이니라**

10 또 그리스도께서 너희 안에 계시면 몸은 죄로 말미암아 죽은 것이나 영은 의로 말미암아 살아있는 것이니라

- **예수를 죽은 자 가운데서 살리신 이의 영이 너희 안에 계시면**
- **그리스도 예수를 죽은 자 가운데서 살리신 이가 너희 안에**
- **거하시는 그의 영으로 말미암아 너희 죽을 몸도 살리시리라**

11 예수를 죽은 자 가운데서 살리신 이의 영이 너희 안에 계시면 그리스도 예수를 죽은 자 가운데서 살리신 이가 너희 안에 거하시는 그의 영으로 말미암아 너희 죽을 몸도 살리시리라

12 그러므로 형제들아 우리가 빚진 자로되 육신에게 져서 육신대로 살 것이 아니니라

- **너희가 육신대로 살면 반드시 죽을 것이로되**
- **영으로써 몸의 행실을 죽이면 살리니**

13 너희가 육신대로 살면 반드시 죽을 것이로되 영으로써 몸의 행실을 죽이면 살리니

- **하나님의 영으로 인도함을 받는 사람은 곧 하나님의 아들이라**

14 하나님의 영으로 인도함을 받는 사람은 곧 하나님의 아들이라

- **너희는 다시 무서워하는 종의 영을 받지 아니하고 양자의**
- **영을 받았으므로 우리가 아빠 아버지라고 부르짖느니라**

15 너희는 다시 무서워하는 종의 영을 받지 아니하고 양자의 영을 받았으므로 우리가 아빠 아버지라고 부르짖느니라

- **성령이 친히 우리의 영과 더불어**

▪ **우리가 하나님의 자녀인 것을 증언하시나니**

16 성령이 친히 우리의 영과 더불어 우리가 하나님의 자녀인 것을
증언하시나니

▪ **자녀이면 또한 상속자 곧 하나님의 상속자요**

▪ **그리스도와 함께한 상속자니 우리가 그와 함께**

▪ **영광을 받기 위하여 고난도 함께 받아야 할 것이니라**

17 자녀이면 또한 상속자 곧 하나님의 상속자요 그리스도와 함께 한
상속자니 우리가 그와 함께 영광을 받기 위하여 고난도 함께 받아야
할 것이니라 (롬8:1~17)

2.

모든 피조물이 구원을 고대하다

18 생각하건대 현재의 고난은 장차 우리에게 나타날 영광과 비교할
수 없도다
19 피조물이 고대하는 바는 하나님의 아들들이 나타나는 것이니
20 피조물이 허무한 데 굴복하는 것은 자기 뜻이 아니요 오직 굴복
하게 하시는 이로 말미암음이라
21 그 바라는 것은 피조물도 썩어짐의 종노릇 한 데서 해방되어 하
나님의 자녀들의 영광의 자유에 이르는 것이니라
22 피조물이 다 이제까지 함께 탄식하며 함께 고통을 겪고 있는 것
을 우리가 아느니라

- **성령의 처음 익은 열매를 받은 우리까지도 속으로**
- **탄식하여 양자 될 것 곧 우리 몸의 속량을 기다리느니라**

23 그뿐 아니라 또한 우리 곧 성령의 처음 익은 열매를 받은 우리
까지도 속으로 탄식하여 양자 될 것 곧 우리 몸의 속량을 기다리느
니라
24 우리가 소망으로 구원을 얻었으매 보이는 소망이 소망이 아니니
보는 것을 누가 바라리요
25 만일 우리가 보지 못하는 것을 바라면 참음으로 기다릴지니라

- **이와 같이 성령도 우리의 연약함을 도우시나니**
- **우리는 마땅히 기도할 바를 알지 못하나 오직 성령이**
- **말할 수 없는 탄식으로 우리를 위하여 친히 간구하시느니라**

26 이와 같이 성령도 우리의 연약함을 도우시나니 우리는 마땅히 기
도할 바를 알지 못하나 오직 성령이 말할 수 없는 탄식으로 우리를
위하여 친히 간구하시느니라

- **마음을 살피시는 이가 성령의 생각을 아시나니 이는**
- **성령이 하나님의 뜻대로 성도를 위하여 간구하심이니라**

27 마음을 살피시는 이가 성령의 생각을 아시나니 이는 성령이 하나
님의 뜻대로 성도를 위하여 간구하심이니라

- **우리가 알거니와 하나님을 사랑하는 자 곧 그의 뜻대로**
- **부르심을 입은 자들에게는 모든 것이 합력하여 선을 이루느니라**

28 우리가 알거니와 하나님을 사랑하는 자 곧 그의 뜻대로 부르심을
입은 자들에게는 모든 것이 합력하여 선을 이루느니라
29 하나님이 미리 아신 자들을 또한 그 아들의 형상을 본받게 하기
위하여 미리 정하셨으니 이는 그로 많은 형제 중에서 맏아들이 되게

하려 하심이니라

- **또 미리 정하신 그들을 또한 부르시고 부르신 그들을 또한**
- **의롭다 하시고 의롭다 하신 그들을 또한 영화롭게 하셨느니라**

30 또 미리 정하신 그들을 또한 부르시고 부르신 그들을 또한 의롭다 하시고 의롭다 하신 그들을 또한 영화롭게 하셨느니라 (롬 8:18~30)

3.

그리스도의 사랑 하나님의 사랑

- **그런즉 이 일에 대하여 우리가 무슨 말 하리요**
- **만일 하나님이 우리를 위하시면 누가 우리를 대적하리요**

31 그런즉 이 일에 대하여 우리가 무슨 말 하리요 만일 하나님이 우
리를 위하시면 누가 우리를 대적하리요

32 자기 아들을 아끼지 아니하시고 우리 모든 사람을 위하여 내주신
이가 어찌 그 아들과 함께 모든 것을 우리에게 주시지 아니하겠느냐

33 누가 능히 하나님께서 택하신 자들을 고발하리요 의롭다 하신 이
는 하나님이시니

- **누가 정죄하리요 죽으실 뿐 아니라 다시 살아나신 이는**
- **그리스도 예수시니 그는 하나님 우편에 계신 자요**
- **우리를 위하여 간구하시는 자시니라**

34 누가 정죄하리요 죽으실 뿐 아니라 다시 살아나신 이는 그리스도

예수시니 그는 하나님 우편에 계신 자요 우리를 위하여 간구하시는
자시니라
35 누가 우리를 그리스도의 사랑에서 끊으리요 환난이나 곤고나 박
해나 기근이나 적신이나 위험이나 칼이랴
36 기록된 바 우리가 종일 주를 위하여 죽임을 당하게 되며 도살 당
할 양같이 여김을 받았나이다 함과 같으니라

- **그러나 이 모든 일에 우리를 사랑하시는**
- **이로 말미암아 우리가 넉넉히 이기느니라**

37 그러나 이 모든 일에 우리를 사랑하시는 이로 말미암아 우리가
넉넉히 이기느니라

- **내가 확신하노니 다른 어떤 피조물이라도 우리를 우리 주**
- **그리스도 예수 안에 있는 하나님의 사랑에서 끊을 수 없으리라**

38 내가 확신하노니 사망이나 생명이나 천사들이나 권세자들이나
현재 일이나 장래 일이나 능력이나
39 높음이나 깊음이나 다른 어떤 피조물이라도 우리를 우리 주 그
리스도 예수 안에 있는 하나님의 사랑에서 끊을 수 없으리라 (롬
8:31~39)

4.

하나님의 나라는 너희 안에 있느니라

20 〈하나님의 나라는 너희 안에 있다〉 바리새인들이 하나님의 나라
가 어느 때에 임하나이까 묻거늘 예수께서 대답하여 이르시되 하나
님의 나라는 볼 수 있게 임하는 것이 아니요

▪ **하나님의 나라는 너희 안에 있느니라**

21 또 여기 있다 저기 있다고도 못하리니 하나님의 나라는 너희 안
에 있느니라*

*1) 그러나 예수는 성전된 자기 육체를 가리켜 말씀하신 것이라 (요2:21)
2) 성안에서 내가 성전을 보지 못하였으니 이는 주 하나님 곧 전능하신 이와 및 어린 양이 그 성전이심이라 (계21:22)

22 또 제자들에게 이르시되 때가 이르리니 너희가 인자의 날 하루를
보고자 하되 보지 못하리라

23 사람이 너희에게 말하되 보라 저기 있다 보라 여기 있다 하리라

그러나 너희는 가지도 말고 따르지도 말라

24 번개가 하늘 아래 이쪽에서 번쩍이어 하늘 아래 저쪽까지 비침같
이 인자도 자기 날에 그러하리라

25 그러나 그가 먼저 많은 고난을 받으며 이 세대에게 버린 바 되어
야 할지니라

26 노아의 때에 된 것과 같이 인자의 때에도 그러하리라

27 노아가 방주에 들어가던 날까지 사람들이 먹고 마시고 장가들고
시집가더니 홍수가 나서 그들을 다 멸망시켰으며

28 또 롯의 때와 같으리니 사람들이 먹고 마시고 사고 팔고 심고 집
을 짓더니

29 롯이 소돔에서 나가던 날에 하늘로부터 불과 유황이 비오듯 하여
그들을 멸망시켰느니라

- **인자가 나타나는 날에도 이러하리라**

30 인자가 나타나는 날에도 이러하리라 (눅17:20~30)

- **주 하나님 곧 전능하신 이와 및 어린 양이 그 성전이**

22 성안에서 내가 성전을 보지 못하였으니 이는 주 하나님 곧 전능
하신 이와 및 어린 양이 그 성전이 되심이라

23 그 성은 해나 달의 비침이 쓸데없으니 이는 하나님의 영광이 비
치고 어린 양이 그 등불이 되심이라

24 만국이 그 빛 가운데로 다니고 땅의 왕들이 자기 영광을 가지고
그리로 들어가리라

25 낮에 성문들을 도무지 닫지 아니하리니 거기에는 밤이 없음이라
26 사람들이 만국의 영광과 존귀를 가지고 그리로 들어가겠고

■ **어린 양의 생명책에 기록된 자들만 들어가리라**

27 무엇이든지 속된 것이나 가증한 일 또는 거짓말하는 자는 결코
그리로 들어가지 못하되 오직 어린 양의 생명책에 기록된 자들만 들
어가리라 (계21:22~27)

■ **새 하늘과 새 땅**

1 〈새 하늘과 새 땅〉 또 내가 새 하늘과 새 땅을 보니 처음 하늘과 처
음 땅이 없어졌고 바다도 다시 있지 않더라
2 또 내가 보매 거룩한 성 새 예루살렘이 하나님께로부터 하늘에서
내려오니 그 준비한 것이 신부가 남편을 위하여 단장한 것 같더라
3 내가 들으니 보좌에서 큰 음성이 나서 이르되 보라 하나님의 장막
이 사람들과 함께 있으매 하나님이 그들과 함께 계시리니 그들은 하
나님의 백성이 되고 하나님은 친히 그들과 함께 계셔서
4 모든 눈물을 그 눈에서 닦아 주시니 다시는 사망이 없고 애통하는
것이나 곡하는 것이나 아픈 것이 다시 있지 아니하리니 처음 것들이
다 지나갔음이러라
5 보좌에 앉으신 이가 이르시되 보라 내가 만물을 새롭게 하노라 하
시고 또 이르시되 이 말은 신실하고 참되니 기록하라 하시고
6 또 내게 말씀하시되 이루었도다 나는 알파와 오메가요 처음과 마
지막이라 내가 생명수 샘물을 목마른 자에게 값없이 주리니

▪ 이기는 자는 이것들을 상속으로 받으리라

▪ 나는 그의 하나님이 되고 그는 내 아들이 되리라

7 이기는 자*는 이것들을 상속으로 받으리라 나는 그의 하나님이 되고 그는 내 아들이 되리라

* 예수께서 하나님의 아들이심을 믿는 자가 아니면 세상을 이기는 자가 누구냐 (요일5:5)

▪ 불과 유황으로 타는 못에 던져지리니 이것이 둘째 사망이라

8 그러나 두려워하는 자들과 믿지 아니하는 자들과 흉악한 자들과 살인자들과 음행하는 자들과 점술가들과 우상숭배자들과 거짓말하는 모든 자들은 불과 유황으로 타는 못에 던져지리니 이것이 둘째 사망이라 (계21:1~8)

▪ 새 예루살렘

9 〈새 예루살렘〉 일곱 대접을 가지고 마지막 일곱 재앙을 담은 일곱 천사 중 하나가 나아와서 내게 말하여 이르되 이리 오라 내가 신부 곧 어린 양의 아내를 네게 보이리라 하고

▪ 하나님께로부터 하늘에서 내려오는 거룩한 성 예루살렘

10 성령으로 나를 데리고 높은 산으로 올라가 하나님께로부터 하늘에서 내려오는 거룩한 성 예루살렘을 보이니

11 하나님의 영광이 있어 그 성의 빛이 지극히 귀한 보석 같고 벽옥과 수정같이 맑더라

12 크고 높은 성곽이 있고 열두 문이 있는데 문에 열두 천사가 있고

그 문들 위에 이름을 썼으니 이스라엘 자손 열두 지파의 이름들이라
13 동쪽에 세 문, 북쪽에 세 문, 남쪽에 세 문, 서쪽에 세 문이니
14 그 성의 성곽에는 열두 기초석이 있고 그 위에는 어린 양의 열두
사도의 열두 이름이 있더라
15 내게 말하는 자가 그 성과 그 문들과 성곽을 측량하려고 금 갈대
자를 가졌더라
16 그 성은 네모가 반듯하여 길이와 너비가 같은지라 그 갈대 자로 그
성을 측량하니 만 이천 스다디온이요 길이와 너비와 높이가 같더라
17 그 성곽을 측량하매 백사십사 규빗이니 사람의 측량 곧 천사의 측
량이라
18 그 성곽은 벽옥으로 쌓였고 그 성은 정금인데 맑은 유리 같더라
19 그 성의 성곽의 기초석은 각색 보석으로 꾸몄는데 첫째 기초석은
벽옥이요 둘째는 남보석이요 셋째는 옥수요 넷째는 녹보석이요
20 다섯째는 홍마노요 여섯째는 홍보석이요 일곱째는 황옥이요 여
덟째는 녹옥이요 아홉째는 담황옥이요 열째는 비취옥이요 열한째는
청옥이요 열두째는 자수정이라
21 그 열두 문은 열두 진주니 각 문마다 한 개의 진주로 되어 있고 성
의 길은 맑은 유리 같은 정금이더라 (계21:9~21)

5.

하나님이 주시는 안식

▪ 하늘의 부르심을 받은 거룩한 형제들아 우리가 믿는

▪ 도리의 사도이시며 대제사장이신 예수를 깊이 생각하라

1 그러므로 함께 하늘의 부르심을 받은 거룩한 형제들아 우리가 믿는 도리의 사도이시며 대제사장이신 예수를 깊이 생각하라

2 그는 자신을 세우신 이에게 신실하시기를 모세가 하나님의 온 집에서 한 것과 같이 하셨으니

3 그는 모세보다 더욱 영광을 받을 만한 것이 마치 집 지은 자가 그 집보다 더욱 존귀함 같으니라

▪ 만물을 지으신 이는 하나님이시라

4 집마다 지은 이가 있으니 만물을 지으신 이는 하나님이시라

5 또한 모세는 장래에 말할 것을 증언하기 위하여 하나님의 온 집에서 종으로서 신실하였고

- **그리스도는 하나님의 집을 맡은 아들로서**
- **그와 같이 하셨으니 우리가 소망의 확신과 자랑을**
- **끝까지 굳게 잡고 있으면 우리는 그의 집이라**

6 그리스도는 하나님의 집을 맡은 아들로서 그와 같이 하셨으니 우
리가 소망의 확신과 자랑을 끝까지 굳게 잡고 있으면 우리는 그의
집이라

7 그러므로 성령이 이르신 바와 같이 오늘 너희가 그의 음성을 듣거든

8 광야에서 시험하던 날에 거역하던 것같이 너희 마음을 완고하게
하지 말라

9 거기서 너희 열조가 나를 시험하여 증험하고 사십 년 동안 나의 행
사를 보았느니라

- **그들이 항상 마음이 미혹되어 내 길을 알지 못하는도다**

10 그러므로 내가 이 세대에게 노하여 이르기를 그들이 항상 마음이
미혹되어 내 길을 알지 못하는도다 하였고

- **내가 맹세한 바와 같이 내 안식에 들어오지 못하리라**

11 내가 노하여 맹세한 바와 같이 그들은 내 안식에 들어오지 못하리
라 하였다 하였느니라

- **너희 중에 누가 믿지 아니하는 악한 마음을 품고**
- **살아계신 하나님에게서 떨어질까 조심할 것이요**

12 형제들아 너희는 삼가 혹 너희 중에 누가 믿지 아니하는 악한 마
음을 품고 살아계신 하나님에게서 떨어질까 조심할 것이요

13 오직 오늘이라 일컫는 동안에 매일 피차 권면하여 너희 중에 누

구든지 죄의 유혹으로 완고하게 되지 않도록 하라

14 우리가 시작할 때에 확신한 것을 끝까지 견고히 잡고 있으면 그리스도와 함께 참여한 자가 되리라

- **오늘 너희가 그의 음성을 듣거든**
- **격노하시게 하던 것같이 너희 마음을 완고하게 하지 말라**

15 성경에 일렀으되 오늘 너희가 그의 음성을 듣거든 격노하시게 하던 것같이 너희 마음을 완고하게 하지 말라 하였으니

16 듣고 격노하시게 하던 자가 누구냐 모세를 따라 애굽에서 나온 모든 사람이 아니냐

17 또 하나님이 사십 년 동안 누구에게 노하셨느냐 그들의 시체가 광야에 엎드러진 범죄한 자들에게가 아니냐

- **하나님이 누구에게 맹세하사 그의 안식에 들어오지**
- **못하리라 하셨느냐 곧 순종하지 아니하던 자들에게가 아니냐**

18 또 하나님이 누구에게 맹세하사 그의 안식에 들어오지 못하리라 하셨느냐 곧 순종하지 아니하던 자들에게가 아니냐

- **그들이 믿지 아니하므로 능히 들어가지 못한 것이라**

19 이로 보건대 그들이 믿지 아니하므로 능히 들어가지 못한 것이라 (히3:1~19)

- **그러므로 우리는 두려워할지니 그의 안식에 들어갈 약속이 남아**
- **있을지라도 너희 중에는 혹 이르지 못할 자가 있을까 함이라**

1 그러므로 우리는 두려워할지니 그의 안식에 들어갈 약속이 남아

있을지라도 너희 중에는 혹 이르지 못할 자가 있을까 함이라

- **들은 바 그 말씀이 그들에게 유익하지 못한 것은**
- **듣는 자가 믿음과 결부시키지 아니함이라**

2 그들과 같이 우리도 복음 전함을 받은 자이나 들은 바 그 말씀이
그들에게 유익하지 못한 것은 듣는 자가 믿음과 결부시키지 아니함
이라

- **이미 믿는 우리들은 저 안식에 들어가는도다**
- **그들이 내 안식에 들어오지 못하리라 하셨다 하였으나**
- **세상을 창조할 때부터 그 일이 이루어졌느니라**

3 이미 믿는 우리들은 저 안식에 들어가는도다 그가 말씀하신 바와
같으니 내가 노하여 맹세한 바와 같이 그들이 내 안식에 들어오지
못하리라 하셨다 하였으나 세상을 창조할 때부터 그 일이 이루어졌
느니라

4 제칠 일에 관하여는 어딘가에 이렇게 일렀으되 하나님은 제칠 일
에 그의 모든 일을 쉬셨다 하였으며

- **또다시 거기에 그들이 내 안식에 들어오지 못하리라 하였으니**

5 또다시 거기에 그들이 내 안식에 들어오지 못하리라 하였으니

6 그러면 거기에 들어갈 자들이 남아 있거니와 복음 전함을 먼저 받
은 자들은 순종하지 아니함으로 말미암아 들어가지 못하였으므로

7 오랜 후에 다윗의 글에 다시 어느 날을 정하여 오늘이라고 미리 이
같이 일렀으되 오늘 너희가 그의 음성을 듣거든 너희 마음을 완고하
게 하지 말라 하였으니

8 만일 여호수아가 그들에게 안식을 주었더라면 그후에 다른 날을
말씀하지 아니하였으리라
9 그런즉 안식할 때가 하나님의 백성에게 남아 있도다
10 이미 그의 안식에 들어간 자는 하나님이 자기의 일을 쉬심과 같
이 그도 자기의 일을 쉬느니라*1)

* 1) 또 내가 들으니 하늘에서 음성이 나서 이르되 기록하라 지금 이후로 주 안에서 죽는 자들은 복이 있도다 하시매 성령이 이르시되 그러하다 그들이 수고를 그치고 쉬리니 이는 그들이 행한 일이 따름이라 하시더라 (계14:13)

■ **그러므로 우리가 저 안식에 들어가기를 힘쓸지니**

11 그러므로 우리가 저 안식에 들어가기를 힘쓸지니 이는 누구든지
저 순종하지 아니하는 본에 빠지지 않게 하려 함이라 (히4:1~11)

6.

하나님이 하신다

■ **여호와께서 말씀하신 대로 사라에게 행하셨으므로**

1 여호와께서 말씀하신 대로 사라를 돌보셨고 여호와께서 말씀하신 대로 사라에게 행하셨으므로
2 사라가 임신하고 하나님이 말씀하신 시기가 되어 노년의 아브라함에게 아들을 낳으니
3 아브라함이 그에게 태어난 아들 곧 사라가 자기에게 낳은 아들을 이름하여 이삭이라 하였고
4 그 아들 이삭이 난 지 팔 일 만에 그가 하나님이 명령하신 대로 할례를 행하였더라
5 아브라함이 그의 아들 이삭이 그에게 태어날 때에 백 세라 (창 21:1~5)

8 그때에 여호와께서 여호수아에게 이르시되 그들을 두려워하지 말
라 내가 그들을 네 손에 넘겨주었으니 그들 중에서 한 사람도 너를
당할 자 없으리라 하신지라
9 여호수아가 길갈에서 밤새도록 올라가 갑자기 그들에게 이르니
10 여호와께서 그들을 이스라엘 앞에서 패하게 하시므로 여호수아
가 그들을 기브온에서 크게 살육하고 벧호론에 올라가는 비탈에서
추격하여 아세가와 막게다까지 이르니라
11 그들이 이스라엘 앞에서 도망하여 벧호론의 비탈에서 내려갈 때
에 여호와께서 하늘에서 큰 우박 덩이를 아세가에 이르기까지 내리
시매 그들이 죽었으니 이스라엘 자손의 칼에 죽은 자보다 우박에 죽
은 자가 더 많더라

- **태양아 너는 기브온 위에 머므르라**
- **달아 너도 아얄론 골짜기에서 그리할지어다**

12 여호와께서 아모리 사람을 이스라엘 자손에게 넘겨주시던 날에
여호수아가 여호와께 아뢰어 이스라엘의 목전에서 이르되 태양아 너
는 기브온 위에 머므르라 달아 너도 아얄론 골짜기에서 그리할지어
다 하매
13 태양이 머물고 달이 멈추기를 백성이 그 대적에게 원수를 갚기까
지 하였느니라 야살의 책에 태양이 중천에 머물러서 거의 종일토록
속히 내려가지 아니하였다고 기록되지 아니하였느냐
14 여호와께서 사람의 목소리를 들으신 이같은 날은 전에도 없었고
후에도 없었나니 이는 여호와께서 이스라엘을 위하여 싸우셨음이니

라 (수10:8~14)

8 여호와께서 애굽 왕 바로의 마음을 완악하게 하셨으므로 그가 이
스라엘 자손의 뒤를 따르니 이스라엘 자손이 담대히 나갔음이라
9 애굽 사람들과 바로의 말들, 병거들과 그 마병과 그 군대가 그들
의 뒤를 따라 바알스본 맞은편 비하히롯 곁 해변 그들이 장막 친 데
에 미치니라
10 바로가 가까이 올 때에 이스라엘 자손이 눈을 들어 본즉 애굽 사
람들이 자기들 뒤에 이른지라 이스라엘 자손이 심히 두려워하여 여
호와께 부르짖고
11 그들이 또 모세에게 이르되 애굽에 매장지가 없어서 당신이 우리
를 이끌어내어 이 광야에서 죽게 하느냐 어찌하여 당신이 우리를 애
굽에서 이끌어내어 우리에게 이같이 하느냐 (출14:8~31)
12 우리가 애굽에서 당신에게 이른 말이 이것이 아니냐 이르기를 우
리를 내버려두라 우리가 애굽 사람을 섬길 것이라 하지 아니하더냐
애굽 사람을 섬기는 것이 광야에서 죽는 것보다 낫겠노라
13 모세가 백성에게 이르되 너희는 두려워하지 말고 가만히 서서 여
호와께서 오늘 너희를 위하여 행하시는 구원을 보라 너희가 오늘 본
애굽 사람을 영원히 다시 보지 아니하리라
14 여호와께서 너희를 위하여 싸우시리니 너희는 가만히 있을지니라
15 여호와께서 모세에게 이르시되 너는 어찌하여 내게 부르짖느냐
이스라엘 자손에게 명령하여 앞으로 나아가게 하고

16 지팡이를 들고 손을 바다 위로 내밀어 그것이 갈라지게 하라 이
스라엘 자손이 바다 가운데서 마른 땅으로 행하리라
17 내가 애굽 사람들의 마음을 완악하게 할 것인즉 그들이 그 뒤를
따라 들어갈 것이라 내가 바로와 그의 모든 군대와 그의 병거와 마
병으로 말미암아 영광을 얻으리니
18 내가 바로와 그의 병거와 마병으로 말미암아 영광을 얻을 때에야
애굽 사람들이 나를 여호와인 줄 알리라 하시더니
19 이스라엘 진 앞에 가던 하나님의 사자가 그들의 뒤로 옮겨 가매
구름 기둥도 앞에서 그 뒤로 옮겨
20 애굽 진과 이스라엘 진 사이에 이르러 서니 저쪽에는 구름과 흑
암이 있고 이쪽에는 밤이 밝으므로 밤새도록 저쪽이 이쪽에 가까이
못하더라

- **여호와께서 큰 동풍이 밤새도록 바닷물을 물러가게**
- **하시니 물이 갈라져 바다가 마른 땅이 된지라**

21 모세가 바다 위로 손을 내밀매 여호와께서 큰 동풍이 밤새도록
바닷물을 물러가게 하시니 물이 갈라져 바다가 마른 땅이 된지라
22 이스라엘 자손이 바다 가운데를 육지로 걸어가고 물은 그들의 좌
우에 벽이 되니
23 애굽 사람들과 바로의 말들, 병거들과 그 마병들이 다 그들의 뒤
를 추격하여 바다 가운데로 들어오는지라
24 새벽에 여호와께서 불과 구름 기둥 가운데서 애굽 군대를 보시고
애굽 군대를 어지럽게 하시며

25 그들의 병거 바퀴를 벗겨서 달리기가 어렵게 하시니 애굽 사람들
이 이르되 이스라엘 앞에서 우리가 도망하자 여호와가 그들을 위하
여 싸워 애굽 사람들을 치는도다
26 여호와께서 모세에게 이르시되 네 손을 바다 위로 내밀어 물이 애
굽 사람들과 그들의 병거들과 마병들 위에 다시 흐르게 하라 하시니
27 모세가 곧 손을 바다 위로 내밀매 새벽이 되어 바다의 힘이 회복
된지라 애굽 사람들이 물을 거슬러 도망하나 여호와께서 애굽 사람
들을 바다 가운데 엎으시니
28 물이 다시 흘러 병거들과 기병들을 덮되 그들의 뒤를 따라 바다
에 들어간 바로의 군대를 다 덮으니 하나도 남지 아니하였더라
29 그러나 이스라엘 자손은 바다 가운데를 육지로 행하였고 물이 좌
우에 벽이 되었더라
30 그날에 여호와께서 이같이 이스라엘을 애굽 사람의 손에서 구원
하시매 이스라엘이 바닷가에서 애굽 사람들이 죽어 있는 것을 보았
더라

- **그 큰 능력을 보았으므로 백성이 여호와를 경외하며**

31 이스라엘이 여호와께서 애굽 사람들에게 행하신 그 큰 능력을 보
았으므로 백성이 여호와를 경외하며 여호와와 그의 종 모세를 믿었
더라 (출14:8~31)

7.

기드온과 아브라함의 기도

▪ 기드온의 기도

36 기드온이 하나님께 여쭈되 주께서 이미 말씀하심같이 내 손으로
이스라엘을 구원하시려거든
37 보소서 내가 양털 한 뭉치를 타작마당에 두리니 만일 이슬이 양
털에만 있고 주변 땅은 마르면 주께서 이미 말씀하심같이 내 손으로
이스라엘을 구원하실 줄을 내가 알겠나이다 하였더니
38 그대로 된지라 이튿날 기드온이 일찍이 일어나서 양털을 가져다
가 그 양털에서 이슬을 짜니 물이 그릇에 가득하더라
39 기드온이 또 하나님께 여쭈되 주여 내게 노하지 마옵소서 내가 이
번만 말하리이다 구하옵나니 내게 이번만 양털로 시험하게 하소서
원하건대 양털만 마르고 그 주변 땅에는 다 이슬이 있게 하옵소서 하
였더니

40 그 밤에 하나님이 그대로 행하시니 곧 양털만 마르고 그 주변 땅
에는 다 이슬이 있었더라 (삿6:36~40)

- **아브라함이 소돔을 위하여 빌다**

16 그 사람들이 거기서 일어나서 소돔으로 향하고 아브라함은 그들
을 전송하러 함께 나가니라
17 여호와께서 이르시되 내가 하려는 것을 아브라함에게 숨기겠느냐
18 아브라함은 강대한 나라가 되고 천하 만민은 그로 말미암아 복을
받게 될 것이 아니냐
19 내가 그로 그 자식과 권속에게 명하여 여호와의 도를 지켜 의와
공도를 행하게 하려고 그를 택하였나니 이는 나 여호와가 아브라함
에게 대하여 말한 일을 이루려 함이니라
20 여호와께서 또 이르시되 소돔과 고모라에 대한 부르짖음이 크고
그 죄악이 심히 무거우니
21 내가 이제 내려가서 그 모든 행한 것이 과연 내게 들린 부르짖음
과 같은지 그렇지 않은지 내가 보고 알려 하노라
22 그 사람들이 거기서 떠나 소돔으로 향하여 가고 아브라함은 여호
와 앞에 그대로 섰더니
23 아브라함이 가까이 나아가 이르되 주께서 의인을 악인과 함께 멸
하려 하시나이까
24 그 성중에 의인 오십 명이 있을지라도 주께서 그곳을 멸하시고
그 오십 의인을 위하여 용서하지 아니하시리이까

25 주께서 이같이 하사 의인을 악인과 함께 죽이심은 부당하오며 의
인과 악인을 같이 하심도 부당하니이다 세상을 심판하시는 이가 정
의를 행하실 것이 아니니이까
26 여호와께서 이르시되 내가 만일 소돔 성읍 가운데에서 의인 오십
명을 찾으면 그들을 위하여 온 지역을 용서하리라
27 아브라함이 대답하여 이르되 나는 티끌이나 재와 같사오니 감히
주께 아뢰나이다
28 오십 의인 중에 오 명이 부족하다면 그 오 명이 부족함으로 말미
암아 온 성읍을 멸하시리이까 이르시되 내가 거기서 사십오 명을 찾
으면 멸하지 아니하리라
29 아브라함이 또 아뢰어 이르되 거기서 사십 명을 찾으시면 어찌하
려 하시나이까 이르시되 사십 명으로 말미암아 멸하지 아니하리라
30 아브라함이 이르되 내 주여 노하지 마시옵고 말씀하게 하옵소서
거기서 삼십 명을 찾으시면 어찌 하려 하시나이까 이르시되 내가 거
기서 삼십 명을 찾으면 그리하지 아니하리라
31 아브라함이 또 이르시되 내가 감히 내 주께 아뢰나이다 거기서
이십 명을 찾으시면 어찌 하려 하시나이까 이르시되 내가 이십 명으
로 말미암아 그리하지 아니하리라
32 아브라함이 또 이르되 주는 노하지 마옵소서 내가 이번만 더 아
뢰리이다 거기서 십 명을 찾으시면 어찌하려 하시나이까 이르시도
내가 십 명으로 말미암아 멸하지 아니하리라
33 여호와께서 아브라함과 말씀을 마치시고 가시니 아브라함도 자
기 곳으로 돌아갔더라 (창18:16~33)

8.

입다와 한나의 서원 기도

- **입다의 서원 기도**
- **이에 여호와의 영이 입다에게 임하시니**

29 이에 여호와의 영이 입다에게 임하시니 입다가 길르앗과 므낫세
를 지나서 길르앗의 미스베에 이르고 길르앗의 미스베에서부터 암
몬 자손에게로 나아갈 때에

- **그가 여호와께 서원하여 이르되**

30 그가 여호와께 서원하여 이르되 주께서 과연 암몬 자손을 내 손
에 넘겨 주시면
31 내가 암몬 저손에게서 평안히 돌아올 때에 누구든지 내 집 문에
서 나와서 나를 영접하는 그는 여호와께 돌릴 것이니 내가 그를 번
제물로 드리겠나이다 하니라

32 이에 입다가 암몬 자손에게 이르러 그들과 싸우더니 여호와께서
그들을 그의 손에 넘겨 주시매
33 아로엘에서부터 민닛에 이르기까지 이십 성읍을 치고 또 아벨 그
라밈까지 매우 크게 무찌르니 이에 암몬 자손이 이스라엘 자손 앞에
항복하였더라
34 〈입다의 딸〉 입다가 미스바에 있는 자기 집에 이를 때에 보라 그
의 딸이 소고를 잡고 춤추며 나와서 영접하니 이는 그의 무남독녀라
35 입다가 이를 보고 자기 옷을 찢으며 이르되 어찌할꼬 내 딸이여
너는 나를 참담하게 하는 자요 너는 나를 괴롭게 하는 자 중의 하나
로다 내가 여호와를 향하여 입을 열었으니 능히 돌이키지 못하리로
다 하니
36 딸이 그에게 이르되 나의 아버지여 아버지께서 여호와를 향하여
입을 여셨으니 아버지의 입에서 낸 말씀대로 내게 행하소서 이는 여
호와께서 아버지를 위하여 아버지의 대적 암몬 자손에게 원수를 갚
으셨음이니이다 하니라
37 또 그의 아버지에게 이르되 이 일만 내게 허락하사 나를 두 달만
버려 두소서 내가 내 여자 친구들과 가서 산 위에서 처녀로 죽음을
인하여 애곡하고

- **그는 자기가 서원한 대로 딸에게 행하니**

39 두 달 만에 그의 아버지께로 돌아온지라 그는 자기가 서원한 대
로 딸에게 행하니 딸이 남자를 알지 못하였더라 이것이 이스라엘에
관습이 되어

40 이스라엘의 딸들이 해마다 가서 길르앗 사람 입다의 딸을 위하
여 나흘씩 애곡하더라 (삿11:29~40)

▪ 한나의 서원 기도

10 한나가 마음이 괴로워서 여호와께 기도하고 통곡하며
11 서원하여 이르되 만군의 여호와여 만일 주의 여종의 고통을 돌보
시고 나를 기억하사 주의 여종을 잊지 아니하시고 주의 여종에게 아
들을 주시면 내가 그의 평생에 그를 여호와께 드리고 삭도를 그의
머리에 대지 아니하겠나이다
12 그가 여호와 앞에 오래 기도하는 동안에 엘리가 그의 입을 주목
한즉
13 한나가 속으로 말하매 입술만 움직이고 음성은 들리지 아니하므
로 엘리는 그가 취한 줄로 생각한지라
14 엘리가 그에게 이르되 네가 언제까지 취하여 있겠느냐 포도주를
끊으라 하니

▪ 여호와 앞에 내 심정을 통한 것뿐이오니

15 한나가 대답하여 이르되 내 주여 그렇지 아니하니이다 나는 마음
이 슬픈 여자라 포도주나 독주를 마신 것이 아니요 여호와 앞에 내
심정을 통한 것뿐이오니
16 당신의 여종을 악한 여자로 여기지 마옵소서 내가 지금까지 말한
것은 나의 원통함과 격분됨이 많기 때문이니이다 하는지라
17 엘리가 대답하여 이르되 평안히 가라 이스라엘의 하나님이 네가

기도하여 구한 것을 허락하시기를 원하노라 하니
18 이르되 당신의 여종이 당신께 은혜 입기를 원하나이다 하고 가서
먹고 얼굴에 다시는 근심 빛이 없더라

■ 사무엘의 출생과 봉헌

19 〈사무엘의 출생과 봉헌〉 그들이 아침에 일찍이 일어나 여호와 앞
에 경배하고 돌아가 라마의 자기 집에 이르니라 엘가나가 그의 아내
한나와 동침하매 여호와께서 그를 생각하신지라
20 한나가 임신하고 때가 이르매 아들을 낳아 사무엘이라 이름 하였
으니 이는 내가 여호와께 그를 구하였다 함이더라

■ 여호와께 매년제와 서원제를 드리러 올라갈 때에

21 그 사람 엘가나와 온 집이 여호와께 매년제와 서원제를 드리러
올라갈 때에
22 오직 한나는 올라가지 아니하고 그의 남편에게 이르되 아이를 젖
떼거든 내가 그를 데리고 가서 여호와 앞에 뵙게 하고 거기에 영원
히 있게 하리이다 하니
23 그의 남편 엘가나가 그에게 이르되 그대의 소견에 좋은 대로 하
여 그를 젖 떼기까지 기다리라 오직 여호와께서 그의 말씀대로 이루
시기를 원하노라 하니라 이에 그 여자가 그의 아들을 양육하여 그가
젖 떼기까지 기다리다가
24 젖을 뗀 후에 그를 데리고 올라갈새 수소 세 마리와 밀가루 한 에
바와 포도주 한 가죽부대를 가지고 실로 여호와의 집에 나아갔는데

아이가 어리더라
25 그들이 수소를 잡고 아이를 데리고 엘리에게 가서
26 한나가 이르되 내 주여 당신의 사심으로 맹세하나이다 나는 여기
서 내 주 당신 곁에 서서 여호와께 기도하던 여자라
27 이 아이를 위하여 내가 기도하였더니 내가 구하여 기도한 바를
여호와께서 내게 허락하신지라

- **그의 평생을 여호와께 드리나이다**

28 그러므로 나도 그를 여호와께 드리되 그의 평생을 여호와께 드리
나이다 하고 그가 거기서 여호와께 경배하니라 (삼상1:10~28)

9.

다윗의 감사 기도

10 다윗이 온 회중 앞에서 여호와를 송축하여 이르되 우리 조상 이
스라엘의 하나님 여호와여 주는 영원부터 영원까지 송축을 받으시
옵소서
11 여호와여 위대하심과 권능과 영광과 승리와 위엄이 다 주께 속하
였사오니 천지에 있는 것이 다 주의 것이로소이다 여호와여 주권도
주께 속하였사오니 주는 높으사 만물의 머리이심이니이다
12 부와 귀가 주께로 말미암고 또 주는 만물의 주재가 되사 손에 권
세와 능력이 있사오니 모든 사람을 크게 하심과 강하게 하심이 주의
손에 있나이다
13 우리 하나님이여 이제 우리가 주께 감사하오며 주의 영화로운 이
름을 찬양하나이다

14 나와 내 백성이 무엇이기에 이처럼 즐거운 마음으로 드릴 힘이
있었나이까 모든 것이 주께로 말미암았사오니 우리가 주의 손에서
받은 것으로 주께 드렸을 뿐이니이다
15 우리는 우리 조상들과 같이 주님 앞에서 이방 나그네와 거류민들
이라 세상에 있는 날이 그림자 같아서 희망이 없나이다
16 우리 하나님 여호와여 우리가 주의 거룩한 이름을 위하여 성전을
건축하려고 미리 저축한 이 모든 물건이 다 주의 손에서 왔사오니
다 주의 것이니이다
17 나의 하나님이여 주께서 마음을 감찰하시고 정직을 기뻐하시는
줄을 내가 아나이다 내가 정직한 마음으로 이 모든 것을 즐거이 드
렸사오며 이제 내가 또 여기 있는 주의 백성이 주께 자원하여 드리
는 것을 보오니 심히 기쁘도소이다
18 우리 조상들 아브라함과 이삭과 이스라엘의 하나님 여호와여 주
께서 이것을 주의 백성의 심중에 영원히 두어 생각하게 하시고 그
마음을 준비하여 주께로 돌아오게 하시오며
19 또 내 아들 솔로몬에게 정성된 마음을 주사 주의 계명과 권면과
율례를 지켜 이 모든 일을 행하게 하시고 내가 위하여 준비한 것으
로 성전을 건축하게 하옵소서 하였더라
20 다윗이 온 회중에게 이르되 너희는 너희 하나님 여호와를 송축하
라 하매 회중이 그의 조상들의 하나님 여호와를 송축하고 머리를 숙
여 여호와와 왕에게 절하고

21 이튿날 여호와께 제사를 드리고 또 여호와께 번제를 드리니 수송
아지가 천 마리요 숫양이 천 마리요 어린 양이 천 마리요 또 그 전제
라 온 이스라엘을 위하여 풍성한 제물을 드리고
22 이날에 무리가 크게 기뻐하여 여호와 앞에서 먹으며 마셨더라 무
리가 다윗의 아들 솔로몬을 다시 왕으로 삼아 기름을 부어 여호와께
돌려 주권자가 되게 하고 사독에게도 기름을 부어 제사장이 되게 하
니라
23 솔로몬이 여호와께서 주신 왕위에 앉아 아버지 다윗을 이어 왕이
되어 형통하니 온 이스라엘이 그의 명령에 순종하며
24 모든 방백과 용사와 다윗 왕의 여러 아들들이 솔로몬 왕에게 복
종하니
25 여호와께서 솔로몬을 모든 이스라엘의 목전에서 심히 크게 하시
고 또 왕의 위엄을 그에게 주사 그전 이스라엘 모든 왕보다 뛰어나
게 하셨더라 (대상29:10~25)

제7부

너희는 은혜로 구원을 받은 것이라

1.

허물과 죄로 죽었던 너희를 살리셨다

1 그는 허물과 죄로 죽었던 너희를 살리셨도다

2 그때에 너희는 그 가운데서 행하여 이 세상 풍조를 따르고 공중의 권세 잡은자를 따랐으니 곧 지금 불순종의 아들들 가운데서 역사하는 영이라

3 전에는 우리도 다 그 가운데서 우리 육체의 욕심을 따라 지내며 육체와 마음의 원하는 것을 하여 다른 이들과 같이 본질상 진노의 자녀이었더니

4 긍휼이 풍성하신 하나님이 우리를 사랑하신 그 큰 사랑을 인하여

■ **허물로 죽은 우리를 그리스도와 함께 살리셨고**

5 허물로 죽은 우리를 그리스도와 함께 살리셨고 (너희는 은혜로 구원을 받은 것이라)

- **함께 일으키사 그리스도 예수 안에서 함께 하늘에 앉히시니**

6 또 함께 일으키사 그리스도 예수 안에서 함께 하늘에 앉히시니
7 이는 그리스도 예수 안에서 우리에게 자비하심으로써 그 은혜의
지극히 풍성함을 오는 여러 세대에 나타내려 하심이라

- **너희는 그 은혜에 의하여 믿음으로 말미암아 구원을 받았으니**
- **이것은 너희에게서 난 것이 아니요 하나님의 선물이라**

8 너희는 그 은혜에 의하여 믿음으로 말미암아 구원을 받았으니 이
것은 너희에게서 난 것이 아니요 하나님의 선물이라
9 행위에서 난 것이 아니니 이는 누구든지 자랑하지 못하게 함이라
10 우리는 그가 만드신 바라 그리스도 예수 안에서 선한 일을 위하
여 지으심을 받은 자니 이 일은 하나님이 전에 예비하사 우리로 그
가운데서 행하게 하려 하심이니라 (엡2:1~10)

2.

십자가로 화목하게 하시다

11 그러므로 생각하라 너희는 그때에 육체로는 이방인이요 손으로
육체에 행한 할례를 받은 무리라 칭하는 자들로부터 할례를 받지 않
은 무리라 칭함을 받은 자들이라
12 그때에 너희는 그리스도 밖에 있었고 이스라엘 나라 밖의 사람이
라 약속의 언약들에 대하여는 외인이요 세상에서 소망이 없고 하나
님도 없는 자이더니
13 이제는 전에 멀리 있던 너희가 그리스도 예수 안에서 그리스도의
피로 가까워졌느니라
14 그는 우리의 화평이신지라 둘로 하나를 만드사 원수 된 것 곧 중
간에 막힌 담을 자기 육체로 허시고
15 법조문으로 된 계명의 율법을 폐하셨으니 이는 이 둘로 자기 안
에서 한 새 사람을 지어 화평하게 하시고

16 또 십자가로 이 둘을 한 몸으로 하나님과 화목하게 하려 하심이
라 원수 된 것을 십자가로 소멸하시고
17 또 오셔서 먼 데 있는 너희에게 평안을 전하시고 가까운 데 있는
자들에게 평안을 전하셨으니
18 이는 그로 말미암아 우리 둘이 한 성령 안에서 아버지께 나아감
을 얻게 하려 하심이라
19 그러므로 이제부터 너희는 외인도 아니요 나그네도 아니요 오직
성도들과 동일한 시민이요 하나님의 권속이라
20 너희는 사도들과 선지자들의 터 위에 세우심을 입은 자라 그리스
도 예수께서 친히 모퉁잇돌이 되셨느니라
21 그의 안에서 건물마다 서로 연결하여 주 안에서 성전이 되어 가고
22 너희도 성령 안에서 하나님이 거하실 처소가 되기 위하여 그리스
도 예수 안에서 함께 지어져 가느니라 (엡2:11~20)

3.

다 죄 아래에 있다

9 그러면 어떠하냐 우리는 나으냐 결코 아니라 유대인이나 헬라인
이나 다 죄 아래에 있다고 우리가 이미 선언하였느니라

■ **기록된 바 의인은 없나니 하나도 없으며**

10 기록된 바 의인은 없나니 하나도 없으며
11 깨닫는 자도 없고 하나님을 찾는 자도 없고
12 다 치우쳐 함께 무익하게 되고 선을 행하는 자는 없나니 하나도
없도다
13 그들의 목구멍은 열린 무덤이요 그 혀로는 속임을 일삼으며 그
입술에는 독사의 독이 있고
14 그 입에는 저주와 악독이 가득하고
15 그 발은 피 흘리는 데 빠른지라
16 파멸과 고생이 그 길에 있어
17 평강의 길을 알지 못하였고
18 그들의 눈 앞에 하나님을 두려워함이 없느니라 (롬3:9~18)

4.

하나님의 의

19 우리가 알거니와 무릇 율법이 말하는 바는 율법 아래에 있는 자
들에게 말하는 것이니 이는 모든 입을 막고 온 세상으로 하나님의
심판 아래애 있게 하려 함이라
20 그러므로 율법의 행위로 그의 앞에 의롭다 하심을 얻을 육체가
없나니 율법으로는 죄를 깨달음이니라
21 이제는 율법 외에 하나님의 한 의가 나타났으니 율법과 선지자들
에게 증거를 받은 것이라
22 곧 예수 그리스도를 믿음으로 말미암아 모든 믿는 자에게 미치는
하나님의 의니 차별이 없느니라
23 모든 사람이 죄를 범하였으매 하나님의 영광에 이르지 못하더니

- **그리스도 예수 안에 있는 속량으로 말미암아**
- **하나님의 은혜로 값없이 의롭다 하심을 얻은 자 되었느니라**

24 그리스도 예수 안에 있는 속량으로 말미암아 하나님의 은혜로 값
없이 의롭다 하심을 얻은 자 되었느니라

25 이 예수를 하나님이 그의 피로써 믿음으로 말미암는 화목제물로
세우셨으니 이는 하나님께서 길이 참으시는 중에 전에 지은 죄를 간
과하심으로 자기의 의로우심을 나타내려 하심이니
26 곧 이때에 자기의 의로우심을 나타내사 자기도 의로우시며 또한
예수 믿는 자를 의롭다 하려 하심이라
27 그런즉 자랑할 데가 어디냐 있을 수가 없느니라 무슨 법으로냐
행위로냐 아니라 오직 믿음의 법으로니라
28 그러므로 사람이 의롭다 하심을 얻는 것은 율법의 행위에 있지
않고 믿음으로 되는 줄 우리가 인정하노라
29 하나님은 다만 유대인의 하나님이시냐 또한 이방인의 하나님은
아니시냐 진실로 이방인의 하나님도 되시느니라
30 할례자도 믿음으로 말미암아 또한 무할례자도 믿음으로 말미암
아 의롭다 하실 하나님은 한 분이시니라
31 그런즉 우리가 믿음으로 말미암아 율법을 파기하느냐 그럴 수 없
느니라 도리어 율법을 굳게 세우느니라 (롬3:19~3`)

5.

하나님의 아들

23 믿음이 오기 전에 우리는 율법 아래에 매인 바 되고 계시될 믿음
의 때까지 갇혔느니라
24 이같이 율법이 우리를 그리스도께로 인도하는 초등교사가 되어
우리로 하여금 믿음으로 말미암아 의롭다 함을 얻게 하려 함이라
25 믿음이 온 후로는 우리가 초등교사 아래에 있지 아니하도다
26 너희가 다 믿음으로 말미암아 그리스도 예수 안에서 하나님의 아
들이 되었으니
27 누구든지 그리스도와 합하기 위하여 세례를 받은 자는 그리스도
로 옷 입었느니라
28 너희는 유대인이나 헬라인이나 종이나 자유인이나 남자나 여자
나 다 그리스도 예수 안에서 하나이니라
29 너희가 그리스도의 것이면 곧 아브라함의 자손이요 약속대로 유

업을 이을 자니라
1 내가 또 말하노니 유업을 이을 자가 모든 것의 주인이나 어렸을 동
안에는 종과 다름이 없어서
2 그 아버지가 정한 때까지 후견인과 청지기 아래에 있나니
3 이와 같이 우리도 어렸을 때에 이 세상의 초등학문 아래에 있어서
종노릇 하였더니
4 때가 차매 하나님이 그 아들을 보내사 여자에게서 나게 하시고 율
법 아래에 나게 하신 것은
5 율법 아래에 있는 자들을 속량하시고 우리로 아들의 명분을 얻게
하려 하심이라
6 너희가 아들이므로 하나님이 그 아들의 영을 우리 마음 가운데 보
내사 아빠 아버지라 부르게 하셨느니라
7 그러므로 네가 이후로는 종이 아니요 아들이니 아들이면 하나님
으로 말미암아 유업을 받을 자니라 (갈3:23~29, 4:1~7)

제8부

의롭다 하심을 받은 사람의 삶

1.

우리 주 예수 그리스도로 말미암아 하나님과 화평을 누리자

1 그러므로 우리가 믿음으로 의롭다 하심을 받았으니 우리 주 예수
그리스도로 말미암아 하나님과 화평을 누리자
2 또한 그로 말미암아 우리가 믿음으로 서 있는 이 은혜에 들어감을
얻었으며 하나님의 영광을 바라고 즐거워하느니라
3 다만 이뿐 아니라 우리가 환난 중에도 즐거워하나니 이는 환난은
인내를,
4 인내는 연단을, 연단은 소망을 이루는 줄 앎이로다

- **성령으로 말미암아 하나님의 사랑이 우리 마음에 부은 바**

5 소망이 우리를 부끄럽게 하지 아니함은 우리에게 주신 성령으로
말미암아 하나님의 사랑이 우리 마음에 부은 바 됨이니
6 우리가 아직 연약할 때에 기약대로 그리스도께서 경건하지 않은

자를 위하여 죽으셨도다
7 의인을 위하여 죽는 자가 쉽지 않고 선인을 위하여 용감히 죽는 자
가 혹 있거니와

- **우리가 아직 죄인 되었을 때 그리스도께서 우리를 위하여**
- **죽으심으로 하나님께서 우리에 대한 자기의 사랑을 확증하심**

8 우리가 아직 죄인 되었을 때에 그리스도께서 우리를 위하여 죽으
심으로 하나님께서 우리에 대한 자기의 사랑을 확증하셨느니라
9 그러면 이제 우리가 그의 피로 말미암아 의롭다 하심을 받았으니
더욱 그로 말미암아 진노하심에서 구원을 받을 것이니
10 곧 우리가 원수 되었을 때에 그의 아들의 죽으심으로 말미암아
하나님과 화목하게 되었은즉 화목하게 된 자로서는 더욱 그의 살아
나심으로 말미암아 구원을 받을 것이니라
11 그뿐 아니라 이제 우리로 화목하게 하신 우리 주 예수 그리스도로
말미암아 하나님 안에서 또한 즐거워하느니라 (롬5:1~11)

2.

그리스도와 함께 죽고 함께 산다

1 그런즉 우리가 무슨 말을 하리요 은혜를 더하게 하려고 죄에 거하
겠느냐

2 그럴 수 없느니라 죄에 대하여 죽은 우리가 어찌 그 가운데 더 살리
요

- **무릇 그리스도 예수와 합하여 세례를 받은 우리는**
- **그의 죽으심과 합하여 세례를 받은 줄을 알지 못하느냐**

3 무릇 그리스도 예수와 합하여 세례를 받은 우리는 그의 죽으심과
합하여 세례를 받은 줄을 알지 못하느냐

- **우리가 그의 죽으심과 합하여 세례를 받음으로 그와 함께**
- **장사되었나니 이는 아버지의 영광으로 말미암아**
- **그리스도를 죽은 자 가운데서 살리심과 같이**
- **우리로 또한 새 생명 가운데서 행하게 하려 함이라**

4 그러므로 우리가 그의 죽으심과 합하여 세례를 받음으로 그와 함
께 장사되었나니 이는 아버지의 영광으로 말미암아 그리스도를 죽
은 자 가운데서 살리심과 같이 우리로 또한 새 생명 가운데서 행하
게 하려 함이라

- **우리가 그의 죽으심과 같은 모양으로 연합한 자가 되었으면**
- **또한 그의 부활과 같은 모양으로 연합한 자도 되리라**

5 만일 우리가 그의 죽으심과 같은 모양으로 연합한 자가 되었으면
또한 그의 부활과 같은 모양으로 연합한 자도 되리라

6 우리가 알거니와 우리의 옛 사람이 예수와 함께 십자가에 못 박힌
것은 죄의 몸이 죽어 다시는 우리가 죄에게 종 노릇 하지 아니하려 함
이니

- **이는 죽은 자가 죄에서 벗어나 의롭다 하심을 얻었음이라**

7 이는 죽은 자가 죄에서 벗어나 의롭다 하심을 얻었음이라

8 만일 우리가 그리스도와 함께 죽었으면 또한 그와 함께 살 줄을 믿
노니

9 이는 그리스도께서 죽은 자 가운데서 살아나셨으매 다시 죽지 아
니하시고 사망이 다시 그를 주장하지 못할 줄을 앎이로다

- **그가 죽으심은 죄에 대하여 단번에 죽으심이요**
- **그가 살아계심은 하나님께 대하여 살아계심이니**

10 그가 죽으심은 죄에 대하여 단번에 죽으심이요 그가 살아계심은
하나님께 대하여 살아계심이니

- **이와 같이 너희도 너희 자신을 죄에 대하여는 죽은 자요**
- **그리스도 예수 안에서 하나님께 대하여는 살아 있는 자로**

11 이와 같이 너희도 너희 자신을 죄에 대하여는 죽은 자요 그리스도
예수 안에서 하나님께 대하여는 살아 있는 자로 여길지어다
12 그러므로 너희는 죄가 너희 죽을 몸을 지배하지 못하게 하여 몸
의 사욕에 순종하지 말고
13 또한 너희 지체를 불의의 무기로 죄에게 내주지 말고 오직 너희
자신을 죽은 자 가운데서 다시 살아난 자같이 하나님께 드리며 너희
지체를 의의 무기로 하나님께 드리라
14 죄가 너희를 주장하지 못하리니 이는 너희가 법 아래에 있지 아
니하고 은혜 아래에 있음이라 (롬6:1~13)

3.

선한 일을 열심히 하는 자가 되라

- **그가 우리를 대신하여 자신을 주심은 모든 불법에서**
- **우리를 속량하시고 우리를 깨끗하게 하사**
- **선한 일을 열심히 하는 자기 백성 되게 하려 하심이라**

14 그가 우리를 대신하여 자신을 주심은 모든 불법에서 우리를 속량
하시고 우리를 깨끗하게 하사 선한 일을 열심히 하는 자기 백성 되
게 하려 하심이라

15 너는 이것을 말하고 권면하여 모든 권위로 책망하여 누구에게서
든지 업신 여김을 받지 말라

1 너는 그들로 하여금 통치자들과 권세 잡은 자들에게 복종하며 순
종하며 모든 선한 일 행하기를 준비하게 하며

2 아무도 비방하지 말며 다투지 말며 관용하며 범사에 온유함을 모
든 사람에게 나타낼 것을 기억하게 하라

3 우리도 전에는 어리석은 자요 순종하지 아니한 자요 속은 자요 여
러가지 정욕과 행락에 종노릇 한 자요 가증스러운 자요 피차 미워한
자였으나

4 우리 구주 하나님의 자비와 사람 사랑하심이 나타날 때에

- **우리를 구원하시되 우리가 행한 바 의로운 행위로**
- **말미암지 아니하고 오직 그의 긍휼하심을 따라**
- **중생의 씻음과 성령의 새롭게 하심으로 하셨나니**

5 우리를 구원하시되 우리가 행한 바 의로운 행위로 말미암지 아니
하고 오직 그의 긍휼하심을 따라 중생의 씻음과 성령의 새롭게 하심
으로 하셨나니

6 우리 구주 예수 그리스도로 말미암아 우리에게 그 성령을 풍성히
부어 주사

- **우리로 그의 은혜를 힘입어 의롭다 하심을 얻어**
- **영생의 소망을 따라 상속자가 되게 하려 하심이라**

7 우리로 그의 은혜를 힘입어 의롭다 하심을 얻어 영생의 소망을 따
라 상속자가 되게 하려 하심이라

8 이 말이 미쁘도다 원하건대 너는 이 여러 것에 대하여 굳세게 말
하라 이는 하나님을 믿는 자들로 하여금 조심하여 선한 일을 힘쓰게
하려 함이라 이것은 아름다우며 사람들에게 유익하니라

9 그러나 어리석은 변론과 족보 이야기와 분쟁과 율법에 대한 다툼
은 피하라

- **이단에 속한 사람은 한두 번 훈계한 후에 멀리하라**

10 이단에 속한 사람을 한두 번 훈계한 후에 멀리하라

11 이러한 사람은 네가 아는 바와 같이 부패하여 스스로 정죄한 자로
서 죄를 짓느니라 (딛2:14~15, 3:1~11)

4.

그리스도의 부활

1 형제들아 내가 너희에게 전한 복음을 너희에게 알게 하노니 이는
너희가 받은 것이요 또 그 가운데 선 것이라

- **너희가 만일 내가 전한 그 말을 굳게 지키고 헛되이 믿지**
- **아니하였으면 그로 말미암아 구원을 받으리라**

2 너희가 만일 내가 전한 그 말을 굳게 지키고 헛되이 믿지 아니하였
으면 그로 말미암아 구원을 받으리라
3 내가 받은 것을 먼저 너희에게 전하였노니 이는 성경대로 그리스
도께서 우리 죄를 위하여 죽으시고
4 장사지낸 바 되셨다가 성경대로 사흘 만에 다시 살아 나사
5 게바에게 보이시고 후에 열두 제자에게와
6 그후에 오백여 형제에게 일시에 보이셨나니 그 중에 지금까지 대
다수는 살아 있고 어떤 사람은 잠들었으며

7 그후에 야고보에게 보이셨으며 그후에 모든 사도에게와
8 맨 나중에 만삭되지 못하여 난 자 같은 내게도 보이셨느니라
9 나는 사도 중에 가장 작은 자라 나는 하나님의 교회를 박해하였으
므로 사도라 칭함을 받기를 감당하지 못할 자니라

- **그러나 내가 나 된 것은 하나님의 은혜로 된 것이니**
- **내가 모든 사도보다 더 많이 수고하였으나 내가 한**
- **것이 아니요 오직 나와 함께 하신 하나님의 은혜로라**

10 그러나 내가 나 된 것은 하나님의 은혜로 된 것이니 내게 주신 그
의 은혜가 헛되지 아니하여 내가 모든 사도보다 더 많이 수고하였으
나 내가 한 것이 아니요 오직 나와 함께 하신 하나님의 은혜로라
11 그러므로 나나 그들이나 이같이 전파하매 너희도 이같이 믿었느
니라 (고전15:1~11)

5.

죽은 사람의 부활

12 그리스도께서 죽은 자 가운데서 다시 살아나셨다 전파되었거늘
너희 중에서 어떤 사람들은 어찌하여 죽은 자 가운데서 부활이 없다
하느냐
13 만일 죽은 자의 부활이 없으면 그리스도도 다시 살아나지 못하셨
으리라
14 그리스도께서 만일 다시 살아나지 못하셨으면 우리가 전파하는
것도 헛것이요 또 너희 믿음도 헛것이며
15 또 우리가 하나님의 거짓 증인으로 발견되리니 우리가 하나님이
그리스도를 다시 살리셨다고 증언하였음이라 만일 죽은 자가 다시
실아나는 일이 없으면 하나님이 그리스도를 다시 살리지 아니하셨
으리라
16 만일 죽은 자가 다시 살아나는 일이 없으면 그리스도도 다시 살
아나신 일이 없었을 터이요

17 그리스도께서 다시 살아나신 일이 없으면 너희의 믿음도 헛되고
너희가 여전히 죄 가운데 있을 것이요
18 또한 그리스도 안에서 잠자는 자도 망하였으리니
19 만일 그리스도 안에서 우리가 바라는 것이 다만 이 세상의 삶뿐
이면 모든 사람 가운데 우리가 더욱 불쌍한 자이리라

- **그러나 이제 그리스도께서 죽은 자 가운데서**
- **다시 살아나사 잠자는 자들의 첫 열매가 되셨도다**

20 그러나 이제 그리스도께서 죽은 자 가운데서 다시 살아나사 잠자
는 자들의 첫 열매가 되셨도다

- **사망이 한 사람으로 말미암았으니**
- **죽은 자의 부활도 한 사람으로 말미암는도다**

21 사망이 한 사람으로 말미암았으니 죽은 자의 부활도 한 사람으로
말미암는도다

- **아담 안에서 모든 사람이 죽은 것같이**
- **그리스도 안에서 모든 사람이 삶을 얻으리라**

22 아담 안에서 모든 사람이 죽은 것같이 그리스도 안에서 모든 사
람이 삶을 얻으리라

- **그러나 각각 자기 차례대로 되리니 먼저는**
- **첫 열매인 그리스도요 다음에는**
- **그가 강림하실 때에 그리스도에게 속한 자요**

23 그러나 각각 자기 차례대로 되리니 먼저는 첫 열매인 그리스도요
다음에는 그가 강림하실 때에 그리스도에게 속한 자요

24 그후에는 마지막이니 그가 모든 통치와 모든 권세와 능력을 멸하
시고 나라를 아버지 하나님께 바칠 때라
25 그가 모든 원수를 그 발 아래에 둘 때까지 반드시 왕 노릇 하시리니
26 맨 나중에 멸망 받을 원수는 사망이니라
27 만물을 그의 발 아래에 두셨다 하셨으니 만물을 아래에 둔다 말
씀하실 때에 만물을 그의 아래에 두신 이가 그 중에 들지 아니한 것
이 분명하도다
28 만물을 그에게 복종하게 하실 때에는 아들 자신도 그때에 만물을
자기에게 복종하게 하신 이에게 복종하게 되리니 이는 하나님이 만
유의 주로서 만유 안에 계시려 하심이라
29 만일 죽은 자들이 도무지 다시 살아나지 못하면 죽은 자들을 위
하여 세례를 받는 자들이 무엇을 하겠느냐 어찌하여 그들을 위하여
세례를 받느냐
30 또 어찌하여 우리가 언제나 위험을 무릅쓰리요
31 형제들아 내가 그리스도 예수 우리 주 안에서 가진 바 너희에 대
한 나의 사랑을 두고 단언하노니 나는 날마다 죽노라
32 내가 사람의 방법으로 에베소에서 맹수와 더불어 싸웠다면 내게
무슨 유익이 있으리요 죽은 자가 다시 살아나지 못한다면 내일 죽을
터이니 먹고 마시자 하리라
33 속지 말라 악한 동무들은 선한 행실을 더럽히나니
34 깨어 의를 행하고 죄를 짓지 말라 하나님을 알지 못하는 자가 있
기로 내가 너희를 부끄럽게 하기 위하여 말하노라 (고전15:12~34)

6.

몸의 부활

35 누가 묻기를 죽은 자들이 어떻게 다시 살아나며 어떠한 몸으로
오느냐 하리니
36 어리석은 자여 내가 뿌리는 씨가 죽지 않으면 살아나지 못하겠고
37 또 내가 뿌리는 것은 장래의 형체를 뿌리는 것이 아니요 다만 밀
이나 다른 것의 알맹이뿐이로되
38 하나님이 그 뜻대로 그에게 형체를 주시되 각 종자에게 그 형체
를 주시느니라
39 육체는 다 같은 육체가 아니니 하나는 사람의 육체요 하나는 짐
승의 육체요 하나는 새의 육체요 하나는 물고기의 육체라
40 하늘에 속한 형체도 있고 땅에 속한 형체도 있으나 하늘에 속한
것의 영광이 따로 있고 땅에 속한 것의 영광이 따로 있으니
41 해의 영광이 다르고 달의 영광이 다르며 별의 영광도 다른데 별

과 별의 영광이 다르도다

42 죽은 자의 부활도 그와 같으니 썩을 것으로 심고 썩지 아니할 것
으로 다시 살아나며

43 욕된 것으로 심고 영광스러운 것으로 다시 살아나며 약한 것으로
심고 강한 것으로 다시 살아나며

- **육의 몸으로 심고 신령한 몸으로 다시 살아나나니**
- **육의 몸이 있은즉 또 영의 몸도 있느니라**

44 육의 몸으로 심고 신령한 몸으로 다시 살아나나니 육의 몸이 있
은즉 또 영의 몸도 있느니라

45 기록된 바 첫 사람 아담은 생령이 되었다 함과 같이 마지막 아담
은 살려 주는 영이 되었나니

46 그러나 먼저는 신령한 사람이 아니요 육의 사람이요 그 다음에
신령한 사람이니라

47 첫 사람은 땅에서 났으니 흙에 속한 자이거니와 둘째 사람은 하
늘에서 나셨느니라

48 무릇 흙에 속한 자들은 저 흙에 속한 자와 같고 무릇 하늘에 속한
자들은 저 하늘에 속한 이와 같으니

49 우리가 흙에 속한 자의 형상을 입은 것같이 또한 하늘에 속한 이
의 형상을 입으리라

50 형제들아 내가 이것을 말하노니 혈과 육은 하나님 나라를 이어
받을 수 없고 또한 썩는 것은 썩지 아니하는 것을 유업으로 받지 못
하느니라

- **내가 너희에게 비밀을 말하노니 우리가 다 잠잘 것이**
- **아니요 마지막 나팔에 순식간에 홀연히 다 변화되리니**

51 보라 내가 너희에게 비밀을 말하노니 우리가 다 잠잘 것이 아니
요 마지막 나팔에 순식간에 홀연히 다 변화되리니
52 나팔 소리가 나매 죽은 자들이 썩지 아니할 것으로 다시 살아나
고 우리도 변화되리라
53 이 썩을 것이 반드시 썩지 아니할 것을 입겠고 이 죽을 것이 죽지
아니함을 입으리로다
54 이 썩을 것이 썩지 아니함을 입고 이 죽을 것이 죽지 아니함을 입
을 때에는 사망을 삼키고 이기리라고 기록된 말씀이 이루어지리라
55 사망아 너의 승리가 어디 있느냐 사망아 네가 쏘는 것이 어디 있
느냐
56 사망이 쏘는 것은 죄요 죄의 권능은 율법이라
57 우리 주 예수 그리스도로 말미암아 우리에게 승리를 주시는 하나
님께 감사하노니
58 그러므로 내 사랑하는 형제들아 견실하며 흔들리지 말고 항상 주
의 일에 더욱 힘쓰는 자들이 되라 이는 너희 수고가 주 안에서 헛되
지 않은 줄 앎이라 (고전15:35~58)

7.

하나님의 은혜를 맡은 선한 청지기

1 그리스도께서 이미 육체의 고난을 받으셨으니 너희도 같은 마음으
로 갑옷을 삼으라 이는 육체의 고난을 받은 자는 죄를 그쳤음이니
2 그후로는 다시 사람의 정욕을 따르지 않고 하나님의 뜻을 따라 육
체의 남은 때를 살게 하려 함이라
3 너희가 음란과 정욕과 술취함과 방탕과 향락과 무법한 우상 숭배
를 하여 이방인의 뜻을 따라 행한 것은 지나간 때로 족하도다
4 이러므로 너희가 그들과 함께 그런 극한 방탕에 달음질하지 아니
하는 것을 그들이 이상히 여겨 비방하나
5 그들이 산 자와 죽은 자를 심판하기로 예비하신 이에게 사실대로
고하리라
6 이를 위하여 죽은 자들에게도 복음이 전파되었으니 이는 육체로는
사람으로 심판을 받으나 영으로는 하나님을 따라 살게 하려 함이라

- **만물의 마지막이 가까이 왔으니**
- **그러므로 너희는 정신을 차리고 근신하여 기도하라**

7 만물의 마지막이 가까이 왔으니 그러므로 너희는 정신을 차리고 근신하여 기도하라

- **무엇보다도 뜨겁게 서로 사랑할지니**
- **사랑은 허다한 죄를 덮느니라**

8 무엇보다도 뜨겁게 서로 사랑할지니 사랑은 허다한 죄를 덮느니라

9 서로 대접하기를 원망 없이 하고

- **각각 은사를 받은 대로 하나님의 여러 가지**
- **은혜를 맡은 선한 청지기같이 서로 봉사하라**

10 각각 은사를 받은 대로 하나님의 여러 가지 은혜를 맡은 선한 청지기같이 서로 봉사하라

- **만일 누가 말하려면 하나님의 말씀을 하는 것같이 하고 누가**
- **봉사하려면 하나님이 공급하시는 힘으로 하는 것같이 하라**

11 만일 누가 말하려면 하나님의 말씀을 하는 것같이 하고 누가 봉사하려면 하나님이 공급하시는 힘으로 하는 것같이 하라 이는 범사에 예수 그리스도로 말미암아 하나님이 영광을 받으시게 하려 함이니 그에게 영광과 권능이 세세에 무궁하도록 있느니라 아멘 (벧전4:1~11)

8.

그리스도인이 받을 고난

- **사랑하는 자들아 너희를 연단하려고 오는 불 시험을**
- **이상한 일 당하는 것같이 이상히 여기지 말고 오히려**
- **너희가 그리스도의 고난에 참여하는 것으로 즐거워하라**

12 사랑하는 자들아 너희를 연단하려고 오는 불 시험을 이상한 일
당하는 것같이 이상히 여기지 말고
13 오히려 너희가 그리스도의 고난에 참여하는 것으로 즐거워하라
이는 그의 영광을 나타내실 때에 너희로 즐거워하고 기뻐하게 하려
함이라

- **너희가 그리스도의 이름으로 치욕을 당하면 복 있는**
- **자로다 영광의 영 곧 하나님의 영이 너희 위에 계심이라**

14 너희가 그리스도의 이름으로 치욕을 당하면 복 있는 자로다 영광
의 영 곧 하나님의 영이 너희 위에 계심이라

15 너희 중에 누구든지 살인이나 도둑질이나 악행이나 남의 일을 간
섭하는 자로 고난을 받지 말려니와

- **만일 그리스도인으로 고난을 받으면 부끄러워하지 말고**
- **도리어 그 이름으로 하나님께 영광을 돌리라**

16 만일 그리스도인으로 고난을 받으면 부끄러워하지 말고 도리어
그 이름으로 하나님께 영광을 돌리라
17 하나님의 집에서 심판을 시작할 때가 되었나니 만일 우리에게 먼
저 하면 하나님의 복음을 순종하지 아니하는 자들의 그 마지막은 어
떠하며
18 또 의인이 겨우 구원을 받으면 경건하지 아니한 자와 죄인은 어
디에 서리요
19 그러므로 하나님의 뜻대로 고난을 받는 자들은 또한 선을 행하는
가운데에 그 영혼을 미쁘신 창조주께 의탁할지이다 (벧전4:12~19)

9.

옛 사람과 새 사람

17 그러므로 내가 이것을 말하며 주 안에서 증언하노니 이제부터 너
희는 이방인이 그 마음의 허망한 것으로 행함같이 행하지 말라
18 그들의 총명이 어두워지고 그들 가운데 있는 무지함과 그들의 마
음이 굳어짐으로 말미암아 하나님의 생명에서 떠나 있도다
19 그들이 감각 없는 자가 되어 자신을 방탕에 방임하여 모든 더러
운 것을 욕심으로 행하되
20 오직 너희는 그리스도를 그같이 배우지 아니하였느니라
21 진리가 예수 안에 있는 것같이 너희가 참으로 그에게서 듣고 또
한 그 안에서 가르침을 받았을진대
22 너희는 유혹의 욕심을 따라 썩어져 가는 구습을 따르는 옛 사람
을 벗어 버리고

- 오직 너희의 심령이 새롭게 되어
- 하나님을 따라 의와 진리의 거룩함으로
- 지으심을 받은 새 사람을 입으라

23 오직 너희의 심령이 새롭게 되어

24 하나님을 따라 의와 진리의 거룩함으로 지으심을 받은 새 사람을 입으라 (엡4:17~24)

10.

하나님을 본 받는 생활

25 그런즉 거짓을 버리고 각각 그 이웃과 더불어 참된 것을 말하라
이는 우리가 서로 지체가 됨이라

- **분을 내어도 죄를 짓지 말며 해가 지도록 분을 품지 말고**
- **마귀에게 틈을 주지 말라**

26 분을 내어도 죄를 짓지 말며 해가 지도록 분을 품지 밀고
27 마귀에게 틈을 주지 말라
28 도둑질하는 자는 다시 도둑질하지 말고 돌이켜 가난한 자에게 구
제할 수 있도록 자기 손으로 수고하여 선한 일을 하라
29 무릇 더러운 말은 너희 입 밖에도 내지 말고 오직 덕을 세우는 데
소용되는 대로 선한 말을 하여 듣는 자들에게 은혜를 끼치게 하라

- **하나님의 성령을 근심하게 하지 말라**
- **그 안에서 너희가 구원의 날까지 인치심을 받았느니라**

30 하나님의 성령을 근심하게 하지 말라 그 안에서 너희가 구원의 날까지 인치심을 받았느니라

31 너희는 모든 악독과 노함과 분냄과 떠드는 것과 비방하는 것을 모든 악의와 함께 버리고

32 서로 친절하게 하며 불쌍히 여기며 서로 용서하기를 하나님이 그리스도 안에서 너희를 용서하심과 같이 하라 (엡4:25~32)

1 그러므로 사랑을 받는 자녀같이 너희는 하나님을 본 받는 자가 되고

- **그리스도께서 너희를 사랑하신 것같이 너희도 사랑**
- **가운데서 행하라 그는 우리를 위하여 자신을 버리사**
- **향기로운 제물과 희생제물로 하나님께 드리셨느니라**

2 그리스도께서 너희를 사랑하신 것같이 너희도 사랑 가운데서 행하라 그는 우리를 위하여 자신을 버리사 향기로운 제물과 희생제물로 하나님께 드리셨느니라

3 음행과 온갖 더러운 것과 탐욕은 너희 중에서 그 이름조차도 부르지 말라 이는 성도에게 마땅한 바니라

4 누추함과 어리석은 말이나 희롱의 말이 마땅치 아니하니 오히려 감사하는 말을 하라

5 너희는 정녕 이것을 알거니와 음행한 자나 더러운 자나 탐하는 자 곧 우상 숭배자는 다 그리스도와 하나님의 나라에서 기업을 얻지 못하리니

6 누구든지 헛된 말로 너희를 속이지 못하게 하라 이로 말미암아 하나님의 진노가 불순종의 아들들에게 임하나니

7 그러므로 그들과 함께하는 자가 되지 말라

- **너희가 전에는 어둠이더니**
- **이제는 주 안에서 빛이라 빛의 자녀들처럼 행하라**

8 너희가 전에는 어둠이더니 이제는 주 안에서 빛이라 빛의 자녀들
처럼 행하라

- **빛의 열매는 모든 착함과 의로움과 진실함에 있느니라**

9 빛의 열매는 모든 착함과 의로움과 진실함에 있느니라
10 주를 기쁘시게 할 것이 무엇인가 시험하여 보라
11 너희는 열매 없는 어둠의 일에 참여하지 말고 도리어 책망하라
12 그들이 은밀히 행하는 것들은 말하기도 부끄러운 것들이라
13 그러나 책망을 받는 모든 것은 빛으로 말미암아 드러나나니 드러
나는 것마다 빛이니라
14 그러므로 이르기를 잠자는 자여 깨어서 죽은 자들 가운데서 일어
나라 그리스도께서 너에게 비추이시리라 하셨느니라 (엡5:1~14)

11.

그리스도의 이름으로 감사하라

15 그런즉 너희가 어떻게 행할지를 자세히 주의하여 지혜 없는 자같
이 하지 말고 오직 지혜 있는 자같이 하여

- **세월을 아끼라 때가 악하니라**

16 세월을 아끼라 때가 악하니라
17 그러므로 어리석은 자가 되지 말고 오직 주의 뜻이 무엇인가 이
해하라

- **술 취하지 말라**
- **이는 방탕한 것이니 오직 성령으로 충만함을 받으라**

18 술 취하지 말라 이는 방탕한 것이니 오직 성령으로 충만함을 받
으라
19 시와 찬송과 신령한 노래들로 서로 화답하며 너희의 마음으로 주
께 노래하며 찬송하며

- **범사에 우리 주 예수 그리스도의 이름으로**
- **항상 아버지 하나님께 감사하며**
- **그리스도를 경외함으로 피차 복종하라**

20 범사에 우리 주 예수 그리스도의 이름으로 항상 아버지 하나님께
감사하며
21 그리스도를 경외함으로 피차 복종하라 (엡5:15~21)

12.

그리스도의 일꾼

- 사람이 마땅히 우리를 그리스도의 일꾼이요
- 하나님의 비밀을 맡은 자로 여길지어다
- 그리고 맡은 자들에게 구할 것은 충성이니라

1 사람이 마땅히 우리를 그리스도의 일꾼이요 하나님의 비밀을 맡은
자로 여길지어다
2 그리고 맡은 자들에게 구할 것은 충성이니라
3 너희에게나 다른 사람에게나 판단 받는 것이 내게는 매우 작은 일
이라 나도 나를 판단하지 아니하노니
4 내가 자책할 아무것도 깨닫지 못하나 이로 말미암아 의롭다 함을
얻지 못하노라 다만 나를 심판하실 이는 주시니라
5 그러므로 때가 이르기 전 곧 주께서 오시기까지 아무것도 판단하
지 말라 그가 어둠에 감추인 것들을 드러내고 마음의 뜻을 나타내시

리니 그때에 각 사람에게 하나님으로부터 칭찬이 있으리라
6 형제들아 내가 너희를 위하여 이 일에 아볼로를 들어서 본을 보였
으니 이는 너희로 하여금 기록된 말씀 밖으로 넘어가지 말라 한 것
을 우리에게서 배워 서로 대적하여 교만한 마음을 가지지 말게 하려
함이라
7 누가 너를 남달리 구별하였느냐 네게 있는 것 중에 받지 아니한 것
이 무엇이냐 네가 받았은즉 어찌하여 받지 아니한 것같이 자랑하느냐
8 너희가 이미 배부르며 이미 풍성하며 우리 없이도 왕이 되었도다
우리가 너희와 함께 왕 노릇 하기 위하여 참으로 너희가 왕이 되기
를 원하노라
9 내가 생각하건대 하나님이 사도인 우리를 죽이기로 작정된 자같
이 끄트머리에 두셨으며 우리는 세계 곧 천사와 사람에게 구경거리
가 되었노라
10 우리는 그리스도 때문에 어리석으나 너희는 그리스도 안에서 지
혜롭고 우리는 약하나 너희는 강하고 너희는 존귀하나 우리는 비천
하여
11 바로 이 시각까지 우리가 주리고 목마르며 헐벗고 매맞으며 정처
가 없고
12 또 수고하여 친히 손으로 일을 하며 모욕을 당한즉 축복하고 박
해를 받은즉 참고
13 비방을 받은즉 권면하니 우리가 지금까지 세상의 더러운 것과 만
물의 찌꺼기같이 되었도다

14 내가 너희를 부끄럽게 하려고 이것을 쓰는 것이 아니라 오직 너
희를 내 사랑하는 자녀같이 권하려 하는 것이라
15 그리스도 안에서 일만 스승이 있으되 아버지는 많지 아니하니 그
리스도 예수 안에서 내가 복음으로써 너희를 낳았음이라
16 그러므로 내가 너희에게 권하노니 너희는 나를 본받는 자가 되라
17 이로 말미암아 내가 주 안에서 내 사랑하고 신실한 아들 디모데를
너희에게 보내었으니 그가 너희로 하여금 그리스도 예수 안에서 나
의 행사 곧 내가 각 처 각 교회에서 가르치는 것을 생각나게 하리라
18 어떤 이들은 내가 너희에게 나아가지 아니할 것같이 스스로 교만
하여졌으나
19 주께서 허락하시면 내가 너희에게 속히 나아가서 교만한 자들의
말이아니라 오직 그 능력을 알아보겠으니

- **하나님의 나라는 말에 있지 아니하고 오직 능력에 있음이라**

20 하나님의 나라는 말에 있지 아니하고 오직 능력에 있음이라
21 너희가 무엇을 원하느냐 내가 매를 가지고 너희에게 나아가랴 사
랑과 온유한 마음으로 나아가랴 (고전4:1~21)

13.

하나님의 양 무리를 치라

1 너희 중 장로들에게 권하노니 나는 함께 장로된 자요 그리스도의
고난의 증인이요 나타날 영광에 참여할 자니라
2 너희 중에 하나님의 양 무리를 치되 억지로 하지 말고 하나님의 뜻
을 따라 자원함으로 하며 더러운 이득을 위하여 하지 말고 기꺼이
하며

- **맡은 자들에게 주장하는 자세를 하지 말고 양 무리의 본이 되라**

3 맡은 자들에게 주장하는 자세를 하지 말고 양 무리의 본이 되라
4 그리하면 목자장이 나타나실 때에 시들지 아니하는 영광의 관을
얻으리라

- **하나님은 교만한 자를 대적하시되**
- **겸손한 자들에게는 은혜를 주시느니라**

5 젊은 자들아 이와 같이 장로들에게 순종하고 다 서로 겸손으로 허
리를 동이라 하나님은 교만한 자를 대적하시되 겸손한 자들에게는
은혜를 주시느니라

- **그러므로 하나님의 능하신 손 아래에서 겸손하라**
- **때가 되면 너희를 높이시리라**

6 그러므로 하나님의 능하신 손 아래에서 겸손하라 때가 되면 너희
를 높이시리라

- **너희 염려를 다 주께 맡기라 이는 그가 너희를 돌보심이라**

7 너희 염려를 다 주께 맡기라 이는 그가 너희를 돌보심이라

- **근신하라 깨어라 너희 대적 마귀가**
- **우는 사자같이 두루 다니며 삼킬 자를 찾나니**
- **너희는 마음을 굳건하게 하여 그를 대적하라**

8 근신하라 깨어라 너희 대적 마귀가 우는 사자같이 두루 다니며 삼
킬 자를 찾나니
9 너희는 마음을 굳건하게 하여 그를 대적하라 이는 세상에 있는 너
희 형제들도 동일한 고난을 당하는 줄을 앎이라
10 모든 은혜의 하나님 곧 그리스도 안에서 너희를 부르사 자기의
영원한 영광에 들어가게 하신 이가 잠깐 고난을 당한 너희를 친히
온전하게 하시며 굳건하게 하시며 강하게 하시며 터를 견고하게 하
시리라
11 권능이 세세무궁하도록 그에게 있을지어다 아멘 (벧전5:1~11)

14.

세상 법정에 송사하지 말라

1 너희 중에 누가 다른 이와 더불어 다툼이 있는데 구태여 불의한 자
들 앞에서 고발하고 성도 앞에서 하지 아니하느냐
2 성도가 세상을 판단할 것을 너희가 알지 못하느냐 세상도 너희에게
판단을 받겠거든 지극히 작은 일 판단하기를 감당하지 못하겠느냐
3 우리가 천사를 판단할 것을 너희가 알지 못하느냐 그러하거든 하
물며 세상 일이랴
4 그런즉 너희가 세상 사건이 있을 때에 교회에서 경히 여김을 받는
자들을 세우느냐
5 내가 너희를 부끄럽게 하려 하여 이 말을 하노니 너희 가운데 그
형제간의 일을 판단할 만한 지혜 있는 자가 이같이 하나도 없느냐
6 형제와 형제가 더불어 고발할 뿐더러 믿지 아니하는 자들 앞에서
하느냐

7 너희가 피차 고발함으로 너희 가운데 이미 뚜렷한 허물이 있나니 차
라리 불의를 당하는 것이 낫지 아니하며 차라리 속는 것이 낫지 아니
하냐
8 너는 불의를 행하고 속이는구나 그는 너의 형제로다
9 불의한 자가 하나님의 나라를 유업으로 받지 못할 줄을 알지 못하
느냐 미혹을 받지 말라 음행하는 자나 우상 숭배하는 자나 간음하는
자나 탐색하는 자나 남색하는 자나
10 도적이나 탐욕을 부리는 자나 술 취하는 자나 모욕하는 자나 속
여 빼앗는 자들은 하나님의 나라를 유업으로 받지 못하리라
11 너희 중에 이와 같은 자들이 있더니 주 예수 그리스도의 이름과
우리 하나님의 성령 안에서 씻음과 거룩함과 의롭다 하심을 받았느
니라 (고전6:1~11)

15.

말씀과 경건에 대한 교훈

- **누구든지 다른 교훈을 하며 바른 말 곧 우리 주 예수**
- **그리스도의 말씀과 경건에 관한 교훈을 따르지 아니하면**

3 누구든지 다른 교훈을 하며 바른 말 곧 우리 주 예수 그리스도의 말씀과 경건에 관한 교훈을 따르지 아니하면

- **그는 교만하여 아무것도 알지 못하고 변론과 언쟁을**
- **좋아하는 자니 이로써 투기와 분쟁과 비방과 악한 생각이 나며**

4 그는 교만하여 아무것도 알지 못하고 변론과 언쟁을 좋아하는 자니 이로써 투기와 분쟁과 비방과 악한 생각이 나며

- **마음이 부패하여지고 진리를 잃어버려 경건을 이익의**
- **방도로 생각하는 자들의 다툼이 일어나느니라**

5 마음이 부패하여지고 진리를 잃어버려 경건을 이익의 방도로 생각하는 자들의 다툼이 일어나느니라

- **그러나 자족하는 마음이 있으면 경건은 큰 이익이 되느니라**

6 그러나 자족하는 마음이 있으면 경건은 큰 이익이 되느니라

- **우리가 세상에 아무것도 가지고 온 것이 없으매**
- **또한 아무것도 가지고 가지 못하리니**

7 우리가 세상에 아무것도 가지고 온 것이 없으매 또한 아무것도 가지고 가지 못하리니

- **우리가 먹을 것과 입을 것이 있은즉 족한 줄로 알 것이라**

8 우리가 먹을 것과 입을 것이 있은즉 족한 줄로 알 것이니라

9 부하려 하는 자들은 시험과 올무와 여러가지 어리석고 해로운 욕심에 떨어지나니 곧 사람으로 파멸과 멸망에 빠지게 하는 것이라

- **돈을 사랑함이 일만악의 뿌리가 되나니 이것을 탐내는 자들은**
- **미혹을 받아 믿음에서 떠나 많은 근심으로써 자기를 찔렀도다**

10 돈을 사랑함이 일만악의 뿌리가 되나니 이것을 탐내는 자들은 미혹을 받아 믿음에서 떠나 많은 근심으로써 자기를 찔렀도다 (딤전 6:3~10)

16.

믿음의 선한 싸움

▪ 오직 너 하나님의 사람아 이것들을 피하고

▪ 의와 경건과 믿음과 사랑과 인내와 온유를 따르며

11 오직 너 하나님의 사람아 이것들을 피하고 의와 경건과 믿음과 사
랑과 인내와 온유를 따르며

▪ 믿음의 선한 싸움을 싸우라 영생을 취하라 이를 위하여 네가

▪ 부르심을 받았고 많은 증인 앞에서 선한 증언을 하였도다

12 믿음의 선한 싸움을 싸우라 영생을 취하라 이를 위하여 네가 부
르심을 받았고 많은 증인 앞에서 선한 증언을 하였도다

13 만물을 살게 하신 하나님 앞과 본디오 빌라도를 향하여 선한 증
언을 하신 그리스도 예수 앞에서 내가 너를 명하노니

▪ 우리 주 예수 그리스도께서 나타나실 때까지

▪ 흠도 없고 책망받을 것도 없이 이 명령을 지키라

14 우리 주 예수 그리스도께서 나타나실 때까지 흠도 없고 책망받을
것도 없이 이 명령을 지키라

15 기약이 이르면 하나님이 그의 나타나심을 보이시리니 하나님은
복되시고 유일하신 주권자이시며 만왕의 왕이시며 만주의 주시요
16 오직 그에게만 죽지 아니함이 있고 가까이 가지 못할 빛에 거하
시고 어떤 사람도 보지 못하였고 또 볼 수 없는 이시니 그에게 존귀
와 영원한 권능을 돌릴지어다 아멘
17 내가 이 세대에서 부한 자들을 명하여 마음을 높이지 말고 정함
이 없는 재물에 소망을 두지 말고 오직 우리에게 모든 것을 후히 주
사 누리게 하시는 하나님께 두며

- **선을 행하고 선한 사업을 많이하고**
- **나누어 주기를 좋아하며 너그러운 자가 되게 하라**

18 선을 행하고 선한 사업을 많이하고 나누어 주기를 좋아하며 너그
러운 자가 되게 하라

- **이것이 장래 자기를 위하여**
- **좋은 터를 쌓아 참된 생명을 취하는 것이니라**

19 이것이 장래에 자기를 위하여 좋은 터를 쌓아 참된 생명을 취하
는 것이니라
20 디모데야 망령되고 헛된 말과 거짓된 지식의 반론을 피함으로 네
게 부탁한 것을 지키라

- **은혜가 너희와 함께 있을지어다**

21 이것을 따르는 사람들이 있어 믿음에서 벗어났느니라 은혜가 너
희와 함께 있을지어다 (딤전6:11~21)

17.

몸으로 하나님께 영광을 돌리라

12 모든 것이 내게 가하나 유익한 것이 아니요 모든 것이 내게 가하
나 내가 무엇에든지 얽매이지 아니하리라

- **몸은 음란을 위하여 있지 않고**
- **오직 주를 위하여 있으며 주는 몸을 위하여 계시느니라**

13 음식은 배를 위하여 있고 배는 음식을 위하여 있으나 하나님은
이것저것을 다 폐하시리라 몸은 음란을 위하여 있지 않고 오직 주를
위하여 있으며 주는 몸을 위하여 계시느니라

- **하나님이 주를 다시 살리셨고**
- **또한 그의 권능으로 우리를 다시 살리시리라**

14 하나님이 주를 다시 살리셨고 또한 그의 권능으로 우리를 다시
살리시리라

■ **너희 몸이 그리스도의 지체인 줄 알지 못하느냐**

15 너희 몸이 그리스도의 지체인 줄을 알지 못하느냐 내가 그리스도
의 지체를 가지고 창녀의 지체를 만들겠느냐 결코 그럴 수 없느니라
16 창녀와 합하는 자는 그와 한 몸인 줄 알지 못하느냐 일렀으되 둘
이 한 육체가 된다 하셨나니

■ **주와 합하는 자는 한 영이니라**

17 주와 합하는 자는 한 영이니라
18 음행을 피하라 사람이 범하는 죄마다 몸 밖에 있거니와 음행하는
자는 자기 몸에 죄를 범하느니라

■ **너희 몸은 너희가 하나님께로부터 받은 바**

■ **너희 가운데 계신 성령의 전인 줄 알지 못하느냐**

19 너희 몸은 너희가 하나님께로부터 받은 바 너희 가운데 계신 성
령의 전인 줄 알지 못하느냐 너희는 너희 자신의 것이 아니라

■ **값으로 산 것이 되었으니**

■ **그런즉 너희 몸으로 하나님께 영광을 돌리라**

20 값으로 산 것이 되었으니 그런즉 너희 몸으로 하나님께 영광을
돌리라* (고전6:12~20)

* 너희도 산 돌같이 신령한 집으로 세워지고 예수 그리스도로 말미암아 하나님이 기쁘게 받으실 신령한 제사를 드릴 거룩한 제사장이 될지니라 (벧전2:5)

그러므로 형제들아 내가 하나님의 모든 자비하심으로 너희를 권하노니 너희 몸을 하나님이 기뻐하시는 거룩한 산 제물로 드리라 이는 너희가 드릴 영적 예배니라 (롬12:1)

18.

다 하나님의 영광을 위하여 하라

23 모든 것이 가하나 모든 것이 유익한 것은 아니요 모든 것이 가하
나 모든 것이 덕을 세우는 것은 아니니

- **누구든지 자기의 유익을 구하지 말고 남의 유익을 구하라**

24 누구든지 자기의 유익을 구하지 말고 남의 유익을 구하라
25 무릇 시장에서 파는 것은 양심을 위하여 묻지 말고 먹으라

- **이는 땅과 거기 충만한 것이 주의 것임이라**

26 이는 땅과 거기 충만한 것이 주의 것임이라
27 불신자 중 누가 너희를 청할 때에 너희가 가고자 하거든 너희 앞
에 차려 놓은 것은 무엇이든지 양심을 위하여 묻지 말고 먹으라
28 누가 너희에게 이것이 제물이라 말하거든 알게 한 자와 그 양심
을 위하여 먹지 말라

29 내가 말한 양심은 너희의 것이 아니요 남의 것이니 어찌하여 내
자유가 남의 양심으로 말미암아 판단을 받으리요

- **만일 내가 감사함으로 참여하면**
- **어찌하여 내가 감사하는 것에 대하여 비방을 받으리요**

30 만일 내가 감사함으로 참여하면 어찌하여 내가 감사하는 것에 대
하여 비방을 받으리요

- **그런즉 너희가 먹든지 마시든지**
- **무엇을 하든지 다 하나님의 영광을 위하여 하라**

31 그런즉 너희가 먹든지 마시든지 무엇을 하든지 다 하나님의 영광
을 위하여 하라

32 유대인에게나 헬라인에게나 하나님의 교회에나 거치는 자가 되
지 말고

- **모든 일에 모든 사람을 기쁘게 하여 자신의 유익을 구하지**
- **아니하고 많은 사람의 유익을 구하여 그들로 구원을 받게 하라**

33 나와 같이 모든 일에 모든 사람을 기쁘게 하여 자신의 유익을 구
하지 아니하고 많은 사람의 유익을 구하여 그들로 구원을 받게 하라
(고전10:23~33)

제9부

서기관들과 바리새인들을 꾸짖으시다

1.

감독과 집사의 자격

- 미쁘다 이 말이여, 곧 사람이 감독의 직분을
- 얻으려 함은 선한 일을 사모하는 것이라 함이로다

1 미쁘다 이 말이여, 곧 사람이 감독의 직분을 얻으려 함은 선한 일을 사모하는 것이라 함이로다

2 그러므로 감독은 책망할 것이 없으며 한 아내의 남편이 되며 절제하며 신중하며 단정하며 나그네를 대접하며 가르치기를 잘하며

3 술을 즐기지 아니하며 구타하지 아니하며 오직 관용하며 다투지 아니하며 돈을 사랑하지 아니하며

4 자기 집을 잘 다스려 자녀들도 모든 공손함으로 복종하게 하는 자라야 할지며

- 사람이 자기 집을 다스릴 줄 알지 못하면
- 어찌 하나님의 교회를 돌보리요

5 (사람이 자기 집을 다스릴 줄 알지 못하면 어찌 하나님의 교회를
돌보리요)
6 새로 입교한 자도 말지니 교만하여져서 마귀를 정죄하는 그 정죄
에 빠질까 함이요
7 또한 외인에게서도 선한 증거를 얻은 자라야 할지니 비방과 마귀
의 올무에 빠질까 염려하라
8 이와 같이 집사들도 정중하고 일구이언을 하지 아니하고 술에 인
박히지 아니하고 더러운 이를 탐하지 아니하고

- **깨끗한 양심에 믿음의 비밀을 가진 자라야 할지니**

9 깨끗한 양심에 믿음의 비밀을 가진 자라야 할지니

- **이에 이 사람들을 먼저 시험하여 보고 그 후에**
- **책망할 것이 없으면 집사의 직분을 맡게 할 것이요**

10 이에 이 사람들을 먼저 시험하여 보고 그 후에 책망할 것이 없으
면 집사의 직분을 맡게 할 것이요
11 여자들도 이와 같이 정숙하고 모함하지 아니하며 절제하며 모든
일에 충성된 자라야 할지니라
12 집사들은 한 아내의 남편이 되어 자녀와 자기 집을 잘 다스리는
자일지니
13 집사의 직분을 잘 한 자들은 아름다운 지위와 그리스도 예수 안
에 있는 믿음에 큰 담력을 얻느니라 (딤전3:1~13)

2.

서기관들과 바리새인들을 꾸짖으시다

● 서기관들과 바리새인들을 꾸짖으시다

1 이에 예수께서 무리와 제자들에게 말씀하여 이르시되

2 서기관들과 바리새인들이 모세의 자리에 앉았으니

3 그러므로 무엇이든지 그들이 말하는 바는 행하고 지키되 그들이
하는 행위는 본받지 말라 그들은 말만 하고 행하지 아니하며

4 또 무거운 짐을 묶어 사람의 어깨에 지우되 자기는 이것을 한 손가
락으로도 움직이려 하지 아니하며

5 그들의 모든 행위를 사람에게 보이고자 하나니 곧 그 경문 띠를 넓
게 하며 옷술을 길게 하고

6 잔치의 윗자리와 회당의 높은 자리와

7 시장에서 문안받는 것과 사람에게 랍비라 칭함을 받는 것을 좋아
하느니라

8 그러나 너희는 랍비라 칭함을 받지 말라 너희 선생은 하나요 너희
는 다 형제니라
9 땅에 있는 자를 아버지라 하지 말라 너희의 아버지는 한 분이시니
곧 하늘에 계신 이시니라
10 또한 지도자라 칭함을 받지 말라 지도자는 한 분이시니 곧 그리
스도시니라
11 너희 중에 큰 자는 너희를 섬기는 자가 되어야 하리라
12 누구든지 자기를 높이는 자는 낮아지고 누구든지 자기를 낮추는
자는 높아지리라
13 화 있을진저 외식하는 서기관들과 바리새인들이여 너희는 천국
문을 사람들 앞에서 닫고 너희도 들어가지 않고 들어가려 하는 자도
들어가지 못하게 하는도다
14 (없음)
15 화 있을진저 외식하는 서기관들과 바리새인들이여 너희는 교인
한 사람을 얻기 위하여 바다와 육지를 두루 다니다가 생기면 너희보
다 배나 더 지옥 자식이 되게 하는도다
16 화 있을진저 눈먼 지도자여 너희가 말하되 누구든지 성전으로 맹
세하면 아무 일 없거니와 성전의 금으로 맹세하면 지킬지라 하는도다
17 어리석은 맹인들이여 어느 것이 크냐 금이냐 그 금을 거룩하게
하는 성전이냐
18 너희가 또 이르되 누구든지 제단으로 맹세하면 아무 일 없거니와
그 위에 있는 예물로 맹세하면 지킬지라 하는도다

19 맹인들이여 어느 것이 크냐 그 예물이냐 그 예물을 거룩하게 하
는 제단이냐
20 그러므로 제단으로 맹세하는 자는 제단과 그 위에 있는 모든 것
으로 맹세함이요
21 또 성전으로 맹세하는 자는 성전과 그 안에 계신 이로 맹세함이요
22 또 하늘로 맹세하는 자는 하나님의 보좌와 그 위에 앉으신 이로
맹세함이니라
23 화 있을진저 외식하는 서기관들과 바리새인들이여 너희가 박하
와 회향과 근채의 십일조는 드리되 율법의 더 중한 바 정의와 긍휼
과 믿음은 버렸도다 그러나 이것도 행하고 저것도 버리지 말아야 할
지니라
24 맹인된 인도자여 하루살이는 걸러 내고 낙타는 삼키는도다
25 화 있을진저 외식하는 서기관들과 바리새인들이여 잔과 대접의
겉은 깨끗이 하되 그 안에는 탐욕과 방탕으로 가득하게 하는도다
26 눈먼 바리새인이여 너는 먼저 안을 깨끗이 하라 그리하면 겉도
깨끗하리라
27 화 있을진저 외식하는 서기관들과 바리새인들이여 회칠한 무덤
같으니 겉으로는 아름답게 보이나 그 안에는 죽은 사람의 뼈와 모든
더러운 것이 가득하도다
28 이와 같이 너희도 겉으로는 사람에게 옳게 보이되 안으로는 외식
과 불법이 가득하도다
29 화 있을진저 외식하는 서기관들과 바리새인이여 너희는 선지자

들의 무덤을 만들고 의인들의 비석을 꾸미며 이르되
30 만일 우리가 조상 때에 있었더라면 우리는 그들이 선지자의 피를
흘리는데 참여하지 아니하였으리라 하니
31 그러면 너희가 선지자를 죽인 자의 자손임을 스스로 증명함이로다
32 너희가 너희 조상의 분량을 채우라
33 뱀들아 독사의 새끼들아 너희가 어떻게 지옥의 판결을 피하겠느냐
34 그러므로 내가 너희들에게 선지자들과 지혜 있는 자들과 서기관
들을 보내매 너희가 그 중에서 더러는 죽이거나 십자가에 못 박고
그 중에서 더러는 너희 회당에서 채찍질하고 이 동네에서 저동네로
따라 다니며 박해하리라
35 그러므로 의인 아벨의 피로부터 성전과 제단 사이에서 너희가
죽인 바갸라의 아들 사가랴의 피까지 땅 위에서 흘린 의로운 피가
다 너희에게 돌아가리라
36 내가 진실로 너희에게 이르노니 이것이 다 이 세대에 돌아가리라
(마23:1~36)

3.

인자가 모든 천사와 함께 올 때

31 인자가 자기 영광으로 모든 천사와 함께 올 때에 자기 영광의 보
좌에 앉으리니
32 모든 민족을 그 앞에 모으고 각각 구분하기를 목자가 양과 염소
를 구분하는 것같이 하여
33 양은 그 오른편에 염소는 왼편에 두리라
34 그때에 임금이 그 오른편에 있는 자들에게 이르시되 내 아버지께
복 받을 자들이여 나아와 창세로부터 너희를 위하여 예비된 나라를
상속받으라
35 내가 주릴 때에 너희가 먹을 것을 주었고 목마를 때에 마시게 하
였고 나그네 되었을 때에 영접하였고
36 헐벗었을 때에 옷을 입혔고 병들었을에 돌보았고 옥에 갇혔을 때
에 와서 보았느니라

37 이에 의인들이 대답하여 이르되 주여 우리가 어느 때에 주께서
주리신 것을 보고 음식을 대접하였으며 목마르신 것을 보고 마시게
하였나이까
38 어느 때에 나그네 되신 것을 보고 영접하였으며 헐벗으신 것을
보고 옷 입혔나이까
39 어느 때에 병드신 것이나 옥에 갇히신 것을 보고 가서 뵈었나이
까 하리니
40 임금이 대답하여 이르시되 내가 진실로 너희에게 이르노니 너희
가 여기 내 형제 중에 지극히 작은 자 하나에게 한 것이 곧 내게 한
것이니라 하시고
41 또 왼편에 있는 자들에게 이르시되 저주를 받은 자들아 나를 떠
나 마귀와 그 사자들을 위하여 예비된 영원한 불에 들어가라
42 내가 주릴 때에 너희가 먹을 것을 주지 아니하였고 목마를 때에
마시게 하지 아니하였고
43 나그네 되었을 때에 영접하지 아니하였고 헐벗었을 때에 옷 입히
지 아니하였고 병들었을 때와 옥에 갇혔을 때에 돌보지 아니하였느
니라 하시니
44 그들도 대답하여 이르되 주여 우리가 어느 때에 주께서 주리신
것이나 헐벗으신 것이나 병드신 것이나 옥에 갇히신 것을 보고 공양
하지 아니하더이까

- **이 지극히 작은 자 하나에게 하지 아니한 것이**
- **곧 내게 하지 아니한 것이니라 하시리니**

45 이에 임금이 대답하여 이르시되 내가 진실로 너희에게 이르노니
이 지극히 작은 자 하나에게 하지 아니한 것이 곧 내게 하지 아니한
것이니라 하시리니

- **그들은 영벌에, 의인들은 영생에 들어가리라 하시니라**

46그들은 영벌에, 의인들은 영생에 들어가리라 하시니라

제10부

순종하여 받는 복

● 순종하여 받는 복

- **네가 네 하나님 여호와의 말씀을 삼가 듣고**
- **내가 오늘 네게 명령하는 그의 모든 명령을 지켜 행하면**

1 네가 네 하나님 여호와의 말씀을 삼가 듣고 내가 오늘 네게 명령하
는 그의 모든 명령을 지켜 행하면 네 하나님 여호와께서 너를 세계
모든 민족 위에 뛰어나게 하실 것이라

- **네가 네 하나님 여호와의 말씀을 청종하면**
- **이 모든 복이 네게 임하며 네게 이르리니**

2 네가 네 하나님 여호와의 말씀을 청종하면 이 모든 복이 네게 임하
며 네게 이르리니

- **성읍에서도 복을 받고 들에서도 복을 받을 것이며**

3 성읍에서도 복을 받고 들에서도 복을 받을 것이며

4 네 몸의 자녀와 네 토지의 소산과 네 짐승의 새끼와 소와 양의 새
끼가 복을 받을 것이며

5 네 광주리와 떡 반죽 그릇이 복을 받을 것이며

- **네가 들어와도 복을 받고 나가도 복을 받을 것이니라**

6 네가 들어와도 복을 받고 나가도 복을 받을 것이니라

7 여호와께서 너를 대적하기 위해 일어난 적군들을 네 앞에서 패하
게 하시리라 그들이 한 길로 너를 치러 들어왔으나 네 앞에서 일곱
길로 도망하리라

8 여호와께서 명령하사 네 창고와 네 손으로 하는 모든 일에 복을
내리시고 네 하나님 여호와께서 네게 주시는 땅에서 네게 복을 주

실 것이며
9 여호와께서 네게 맹세하신 대로 너를 세워 자기의 성민이 되게 하
시리니 이는 네가 네 하나님 여호와의 명령을 지켜 그 길로 행할 것
임이니라
10 땅의 모든 백성이 여호와의 이름이 너를 위하여 불리는 것을 보
고 너를 두려워하리라
11 여호와께서 네게 주리라고 네 조상들에게 맹세하신 땅에서 네
게 복을 주사 네 몸의 소생과 가축의 새끼와 토지의 소산을 많게
하시며
12 여호와께서 너를 위하여 하늘의 아름다운 보고를 여시사 네 땅에
때를 따라 비를 내리시고 네 손으로 하는 모든 일에 복을 주시리니
네가 많은 민족에게 꾸어줄지라도 너는 꾸지 아니할 것이요
13 여호와께서 너를 머리가 되고 꼬리가 되지 않게 하시며 위에만
있고 아래에 있지 않게 하시리니 오직 너는 내가 오늘 네게 명령하
는 네 하나님 여호와의 명령을 듣고 지켜 행하며
14 내가 오늘 너희에게 명령하는 그 말씀을 떠나 좌로나 우로나 치
우치지 아니하고 다른 신을 따라 섬기지 아니하면 이와 같으리라
15 네가 만일 네 하나님 여호와의 말씀을 순종하지 아니하여 내가
오늘 네게 명령하는 그의 모든 명령과 규례를 지켜 행하지 아니하
면 이 모든 저주가 네게 임하며 네게 이를 것이니
16 네가 성읍에서도 저주를 받으며 들에서도 저주를 받을 것이요
17 또 네 광주리와 떡 반죽 그릇이 저주를 받을 것이요

18 네 몸의 소생과 네 토지의 소산과 네 소와 양의 새끼가 저주를 받
을 것이며
19 네가 들어와도 저주를 받고 나가도 저주를 받으리라 (신28:1~19)

제11부

무엇을 하든지 말에나 일에나
다 주 예수의 이름으로 하고

1.

그리스도 안에서 행하라

- **너희가 그리스도 예수를 주로 받았으니 그 안에서 행하되**
- **그 안에 뿌리를 박으며 세움을 받아 교훈을 받은 대로**
- **믿음에 굳게 서서 감사함을 넘치게 하라**

6 그러므로 너희가 그리스도 예수를 주로 받았으니 그 안에서 행하되
7 그 안에 뿌리를 박으며 세움을 받아 교훈을 받은 대로 믿음에 굳게
서서 감사함을 넘치게 하라
8 누가 철학과 헛된 속임수로 너희를 사로잡을까 주의하라 이것은
사람의 전통과 세상의 초등학문을 따름이요 그리스도를 따름이 아
니니라
9 그 안에는 신성의 모든 충만이 육체로 거하시고
10 너희도 그 안에서 충만하여졌으니 그는 모든 통치자와 권세의 머
리시라

또 그 안에서 너희가 손으로 하지 아니한 할례를 받았으니 곧 육의
몸을 벗는 것이요 그리스도의 할례니라

- **너희가 세례로 그리스도와 함께 장사되고 또 죽은 자들**
- **가운데서 그를 일으키신 하나님의 역사를 믿음으로**
- **말미암아 그 안에서 함께 일으키심을 받았느니라**

12 너희가 세례로 그리스도와 함께 장사되고 또 죽은 자들 가운데서
그를 일으키신 하나님의 역사를 믿음으로 말미암아 그 안에서 함께
일으키심을 받았느니라

- **또한 범죄와 육체의 무할례로 죽었던 너희를**
- **하나님이 그와 함께 살리시고 우리의 모든 죄를 사하시고**

13 또한 범죄와 육체의 무할례로 죽었던 너희를 하나님이 그와 함께
살리시고 우리의 모든 죄를 사하시고
14 우리를 거스르고 불리하게 하는 법조문으로 쓴 증서를 지우시고
제하여 버리사 십자가에 못 박으시고
15 통치자들과 권세들을 무력화하여 드러내어 구경거리로 삼으시고
십자가로 그들을 이기셨느니라
16 그러므로 먹고 마시는 것과 절기나 초하루나 안식일을 이유로 누
구든지 너희를 비판하지 못하게 하라

- **이것들은 장래 일의 그림자이나 몸은 그리스도의 것이니라**

17 이것들은 장래 일의 그림자이나 몸은 그리스도의 것이니라
18 아무도 꾸며낸 겸손과 천사 숭배를 이유로 너희를 정죄하지 못하
게 하라 그가 그 본 것에 의지하여 그 육신의 생각을 따라 헛되이 과

장하고

19 머리를 붙들지 아니하는지라 온몸이 머리로 말미암아 마디와 힘
줄로 공급함을 받고 연합하여 하나님이 자라게 하시므로 자라느니
라 (골2:6~19)

2.

그리스도와 함께하는 새 사람

- **너희가 세상의 초등학문에서 그리스도와 함께 죽었거든**
- **어찌하여 세상에 사는 것과 같이 규례에 순종하느냐**

20 너희가 세상의 초등학문에서 그리스도와 함께 죽었거든 어찌하
여 세상에 사는 것과 같이 규례에 순종하느냐

- **곧 붙잡지도 말고 맛보지도 말고 만지지도 말라**
- **이 모든 것은 한때 쓰이고는 없어지리라**

21 (곧 붙잡지도 말고 맛보지도 말고 만지지도 말라 하는 것이니
22 이 모든 것은 한때 쓰이고는 없어지리라) 사람의 명령과 가르침
을 따르느냐
23 이런 것들은 자의적 숭배와 겸손과 몸을 괴롭게 하는 데는 지혜
있는 모양이나 오직 육체 따르는 것을 금하는 데는 조금도 유익이
없느니라 (골2:20~23)

3.

무엇을 하든지 말에나 일에나 다 주 예수의 이름으로 하고

- **너희가 그리스도와 함께 다시 살리심을 받았으면 위의 것을**
- **찾으라 거기는 그리스도께서 하나님 우편에 앉아 계시느니라**

1 그러므로 너희가 그리스도와 함께 다시 살리심을 받았으면 위의 것을 찾으라 거기는 그리스도께서 하나님 우편에 앉아 계시느니라

- **위의 것을 생각하고 땅의 것을 생각하지 말라**

2 위의 것을 생각하고 땅의 것을 생각하지 말라

- **이는 너희가 죽었고 너희 생명이**
- **그리스도와 함께 하나님 안에 감추어졌음이라**

3 이는 너희가 죽었고 너희 생명이 그리스도와 함께 하나님 안에 감추어졌음이라

- **우리 생명이신 그리스도께서 나타나실 그때에**
- **너희도 그와 함께 영광 중에 나타나리라**

4 우리 생명이신 그리스도께서 나타나실 그때에 너희도 그와 함께
영광 중에 나타나리라

- **그러므로 땅에 있는 지체를 죽이라**

5 그러므로 땅에 있는 지체를 죽이라 곧 음란과 부정과 사욕과 악한
정욕과 탐심이니 탐심은 우상 숭배니라
6 이것들로 말미암아 하나님의 진노가 임하느니라
7 너희도 전에 그 가운데 살 때에는 그 가운데서 행하였으나
8 이제는 너희가 이 모든 것을 벗어 버리라 곧 분함과 노여움과 악의
와 비방과 너희 입의 부끄러운 말이라
9 너희가 서로 거짓말을 하지 말라 옛 사람과 그 행위를 벗어 버리고
10 새 사람을 입었으니 이는 자기를 창조하신 이의 형상을 따라 지
식에까지 새롭게 하심을 입은 자니라

- **오직 그리스도는 만유시요 만유 안에 계시니라**

11 거기에는 헬라인이나 유대인이나 할례파나 무할례파나 야만인이
나 스구디아인이나 종이나 자유인이 차별이 있을 수 없나니 오직 그
리스도는 만유시요 만유 안에 계시니라

- **그러므로 너희는 하나님이 택하사 거룩하고 사랑받는**
- **자처럼 긍휼과 자비와 겸손과 온유와 오래 참음을 옷 입고**

12 그러므로 너희는 하나님이 택하사 거룩하고 사랑받는 자처럼 긍
휼과 자비와 겸손과 온유와 오래 참음을 옷 입고

- 누가 누구에게 불만이 있거든 서로 용납하여 피차
- 용서하되 주께서 너희를 용서하신 것같이 너희도 그리하고

13 누가 누구에게 불만이 있거든 서로 용납하여 피차 용서하되 주께
서 너희를 용서하신 것같이 너희도 그리하고

- 이 모든 것 위에 사랑을 더하라 이는 온전하게 매는 띠니라

14 이 모든 것 위에 사랑을 더하라 이는 온전하게 매는 띠니라

- 그리스도의 평강이 너희 마음을 주장하게 하라
- 너희는 평강을 위하여 한 몸으로 부르심을 받았나니
- 너희는 또한 감사하는 자가 되라

15 그리스도의 평강이 너희 마음을 주장하게 하라 너희는 평강을 위
하여 한 몸으로 부르심을 받았나니 너희는 또한 감사하는 자가 되라

- 그리스도의 말씀이 너희 속에 풍성히 거하여 모든 지혜로
- 피차 가르치며 권면하고 시와 찬송과 신령한
- 노래를 부르며 감사하는 마음으로 하나님을 찬양하고

16 그리스도의 말씀이 너희 속에 풍성히 거하여 모든 지혜로 피차
가르치며 권면하고 시와 찬송과 신령한 노래를 부르며 감사하는 마
음으로 하나님을 찬양하고

- 또 무엇을 하든지 말에나 일에나 다 주 예수의 이름으로
- 하고 그를 힘입어 하나님 아버지께 감사하라

17 또 무엇을 하든지 말에나 일에나 다 주 예수의 이름으로 하고 그
를 힘입어 하나님 아버지께 감사하라 (골3:1~17)

제12부

믿음의 기도는 병든 자를 구원하리니 주께서 그를 일으키시리라

- **하나님이 나사렛 예수에게 성령과 능력을 기름 붓듯 하셨으매**
- **선한 일을 행하시고 마귀에게 눌린 모든 사람을 고치셨으니**

하나님이 나사렛 예수에게 성령과 능력을 기름 붓듯 하셨으매 그가 두루 다니시며 선한 일을 행하시고 마귀에게 눌린 모든 사람을 고치셨으니 이는 하나님이 함께하셨음이라 (행10:38)

- **그가 채찍에 맞으므로 너희는 나음을 얻었나니**

친히 나무에 달려 그 몸으로 우리 죄를 담당하셨으니 이는 우리로 죄에 대하여 죽고 의에 대하여 살게 하려 하심이라 그가 채찍에 맞음으로 너희는 나음을 얻었나니 (벧전2:24)

- **그가 채찍에 맞음으로 우리는 나음을 받았도다**

그가 찔림은 우리의 허물 때문이요 그가 상함은 우리의 죄악 때문이라 그가 징계를 받으므로 우리는 평화를 누리고 그가 채찍에 맞으므로 우리는 나음을 받았도다 (사53:5)

- **평안을 너희에게 끼치노니 곧 나의 평안을 너희에게 주노라**

평안을 너희에게 끼치노니 곧 나의 평안을 너희에게 주노라 내가 너희에게 주는 것은 세상이 주는 것과 같지 아니하리라 너희는 마음에 근심하지도 말고 두려워하지도 말라 (요14:27)

- **너희를 향한 나의 생각을 내가 아나니 평안이요 재앙이 아니니라**

여호와의 말씀이니라 너희를 향한 나의 생각을 내가 아나니 평안이요 재앙이 아니니라 너희에게 미래와 희망을 주는 것이니라 (렘29:11)

▪ **나는 너희를 치료하는 여호와임이라**

이르시되 너희가 너희 하나님 나 여호와의 말을 들어 순종하고 내가 보기에 의를 행하여 내 계명에 귀를 기울이며 내 모든 규례를 지키면 내가 애굽 사람에게 내린 모든 질병 중 하나도 너희에게 내리지 아니하리니 나는 너희를 치료하는 여호와임이라 (출15:26)

▪ **공의로운 해가 떠올라서 치료하는 광선을 비추리니**

내 이름을 경외하는 너에게는 공의로운 해가 떠올라서 치료하는 광선을 비추리니 너희가 나가서 외양간에서 나온 송아지같이 뛰리라 (말4:2)

▪ **네 빛이 새벽같이 비칠 것이며 네 치유가 급속할 것이며**

6 내가 기뻐하는 금식은 흉악의 결박을 풀어 주며 멍에의 줄을 끌러 주며 압제당하는 자를 자유하게 하며 모든 멍에를 꺾는 것이 아니겠느냐

7 또 주린 자에게 네 양식을 나누어 주며 유리하는 빈민을 집에 들이며 헐벗은 자를 보면 입히며 또 네 골육을 피하여 스스로 숨지 아니하는 것이 아니겠느냐

8 그리하면 네 빛이 새벽같이 비칠 것이며 네 치유가 급속할 것이며 네 공의가 네 앞에 행하고 여호와의 영광이 네 뒤에 호위하리니 (사58:6~8)

▪ **여호와께 부르짖으매 그가 그들의 고통에서 그들을 구원하시되**

19 이에 그들이 그들 고통 때문에 여호와께 부르짖으매 그가 그들의
고통에서 그들을 구원하시되
20 그가 그의 말씀을 보내어 그들을 고치시고 위험한 지경에서 건지
시는도다 (시107:19~20)

여호와 내 하나님이여 내가 주께 부르짖으매 나를 고치셨나이다 (시30:2)

▪ **그에게서 하나님이 하시는 일을 나타내고자 하심이라**

2 제자들이 물어 이르되 랍비여 이 사람이 맹인으로 난 것이 누구의
죄로 인함이니이까 자기니이까 그의 부모니이까
3 예수께서 대답하시되 이 사람이나 그 부모의 죄로 인한 것이 아니
라 그에게서 하나님이 하시는 일을 나타내고자 하심이라 (요9:2~3)

▪ **내가 가서 고쳐 주리라**

5 예수께서 가버나움에 들어가시니 한 백부장이 나아와 간구하여
6 이르되 주여 내 하인이 중풍으로 집에 누워 몹시 괴로워하나이다
7 이르시되 내가 가서 고쳐 주리라,

▪ **네 믿은 대로 될지어다**

13 예수께서 백부장에게 이르시되 가라 네 믿은 대로 될지어다 하시
니 그 즉시 하인이 나으니라 (마8:5~7, 13)

아브라함이 하나님께 기도하매 하나님이 아비멜렉과 그의 아내와 여종을 치료하사 출산하게 하셨으니 (창20:17)

- **내가 네 기도를 들었고 네 눈물을 보았노라 내가 너를 낫게 하리니**

너는 돌아가서 내 백성의 주권자 히스기야에게 이르기를 왕의 조상 다윗의 하나님 여호와의 말씀이 내가 네 기도를 들었고 네 눈물을 보았노라 내가 너를 낫게 하리니 네가 삼 일 만에 여호와의 성산에 올라가겠고 (왕하20:5)

여호와께서 히스기야의 기도를 들으시고 백성을 고치셨더라 (대하30:20)

하나님은 아프게 하시다가 싸매시며 상하게 하시다가 그의 손으로 고치시나니 (욥5:18)

여호와여 내가 수척하였사오니 내게 은혜를 베푸소서 (시6:2)

여호와께서 그를 병상에서 붙드시고 그가 누워 있을 때마다 그의 병을 고쳐 주시나이다 (시41:3)

- **그가 네 모든 죄악을 사하시며 네 모든 병을 고치시며**

그가 내 모든 죄악을 사하시며 네 모든 병을 고치시며 (시103:3)

상심한 자를 고치시며 그들의 상처를 싸매시는도다 (시147:3)

여호와께서 자기 백성의 상처를 싸매시며 그들의 맞은 자리를 고치시는 날에는 달빛은 햇빛 같겠고 햇빛은 일곱 배가 되어 일곱 날의 빛과 같으리라 (사30:26)

주여 사람이 사는 것이 이에 있고 내 심령의 생명도 온전히 거기에 있사오니 원하건대 나를 치료하시며 나를 살려 주옵소서 (사38:16)

입술의 열매를 창조하는 자 여호와가 말하노라 먼 데 있는 자에게든

지 가까운데 있는 자에게든지 평강이 있을지어다 내가 그를 고치리라 하셨느니라(사57:19)

■ **주 여호와의 영이 내리셨으니 이는 여호와께서 내게 기름을 부으사**

주 여호와의 영이 내게 내리셨으니 이는 여호와께서 내게 기름을 부으사 가난한 자에게 아름다운 소식을 전하게 하려 하심이라 나를 보내사 마음이 상한 자를 고치며 포로된 자에게 자유를, 갇힌 자에게 놓임을 선포하며 (사61:1)

여호와여 주는 나의 찬송이시오니 나를 고치소서 그리하시면 내가 낫겠나이다 나를 구원하소서 그리하시면 내가 구원을 얻으리이다 (렘17:14)

여호와의 말씀이니라 그들이 쫓겨난 자라 하매 시온을 찾는 자가 없은즉 내가 너의 상처로부터 새 살이 돋아나게 하여 너를 고쳐 주리라 (렘30:17)

그러나 보라 내가 이 성읍을 치료하며 고쳐 낫게 하고 평안과 진실이 풍성함을 그들에게 나타낼 것이며 (렘33:6)

그 잃어버린 자를 내가 찾으며 쫓기는 자를 내가 돌아오게 하며 상한 자를 내가 싸매 주며 병든 자를 내가 강하게 하려니와 살진 자와 강한 자는 내가 없애고 정의대로 그것들을 먹이리라 (겔34:16)

그의 소문이 온 수리아에 퍼진지라 사람들이 모든 앓는 자 곧 각종 병에 걸려서 고통 당하는 자, 귀신들린 자, 간질하는 자, 중풍병자들을 데려오니 그들을 고치시더라 (마4:24)

저물매 사람들이 귀신들린 자를 많이 데리고 예수께 오거늘 예수께
서 말씀으로 귀신들을 쫓아내고 병든 자들을 다 고치시니 (마8:16)
20 열두 해 동안이나 혈루증으로 앓는 여자가 예수의 뒤로 와서 그
겉옷 가를 만지니
21 이는 제 마음에 그 겉옷만 만져도 구원을 받겠다 함이라

■ **네 믿음이 너를 구원하였다 하시니 여자가 그 즉시 구원을 받으니라**

22 예수께서 돌이켜 그를 보시며 이르시되 딸아 안심하라 네 믿음
이 너를 구원하였다 하시니 여자가 그 즉시 구원을 받으니라 (마
9:20~22)
23 예수께서 그 관리의 집에 가사 피리 부는 자들과 떠드는 무리를
보시고
24 이르시되 물러가라 이 소녀가 죽은 것이 아니라 잔다 하시니 그
들이 비웃더라
25 무리를 내보낸 후에 예수께서 들어가사 소녀의 손을 잡으시매 일
어나는지라
26 그 소문이 온 땅에 퍼지더라 (마9:23~26)

예수께서 모든 도시와 마을에 두루 다니사 그들의 회당에서 가르치시며 천국 복음을 전파하시며 모든 병과 모든 약한 것을 고치시니라 (마9:35)

- **예수께서 그의 열두 제자를 부르사 더러운 귀신을 쫓아내며**
- **모든 병과 모든 약한 것을 고치는 권능을 주시니라**

예수께서 그의 열두 제자를 부르사 더러운 귀신을 쫓아내며 모든 병과 모든 약한 것을 고치는 권능을 주시니라 (마10:1)

- **너희가 거저 받았으니 거져 주라**

병든 자를 고치며 죽은 자를 살리며 나병환자를 깨끗하게 하며 귀신을 쫓아내되 너희가 거저 받았으니 거저 주라 (마10:8)

11 예수께서 이르시되 너희 중에 어떤 사람이 양 한 마리가 있어 안식일에 구덩이에 빠졌으면 끌어내지 않겠느냐

12 사람이 양보다 얼마나 더 귀하냐 그러므로 안식일에 선을 행하는 것이 옳으니라 하시고

13 이에 그 사람에게 이르시되 손을 내밀라 하시니 그가 내밀매 다른 손과 같이 회복되어 성하더라 (마12:11~13)

예수께서 아시고 거기를 떠나가시니 많은 사람이 따르는지라 예수께서 그들의 병을 다 고치시고 (마12:15)

이에 예수께서 꾸짖으시니 귀신이 나가고 아이가 그때부터 나으니라 (마17:18)

큰 무리가 따르거늘 예수께서 거기서 그들의 병을 고치시더라 (마19:2)

30 시몬의 장모가 열병으로 누워 있는지라 사람들이 곧 그 여자에 대하여 예수께 여짜온대

31 나아가사 그 손을 잡아 일으키시니 열병이 떠나고 여자가 그들에

게 수종드니라 (막1:30~31)

예수께서 각종 병이 든 많은 사람을 고치시며 많은 귀신을 내쫓으시되 귀신이 자기를 알므로 그 말하는 것을 허락하지 아니하시니라 (막1:34)

- **원하시면 저를 깨끗하게 하실 수 있나이다**

40 한 나병환자가 예수께 와서 꿇어 엎드려 간구하여 이르시되 원하시면 저를 깨끗하게 하실 수 있나이다

41 예수께서 불쌍히 여기사 손을 내밀어 그에게 대시며 이르시되 내가 원하노니 깨끗함을 받으라 하시니

42 곧 나병이 그 사람에게서 떠나가고 깨끗하여진지라 (막1:40~42)

그들의 마음이 완악함을 탄식하사 노하심으로 그들을 둘러보시고 그 사람에게 이르시되 네 손을 내밀라 하시니 내밀매 그 손이 회복되었더라 (막3:5)

- **네 믿음이 너를 구원하였으니 평안히 가라**

예수께서 이르시되 딸아 네 믿음이 너를 구원하였으니 평안히 가라 네 병에서 놓여 건강할지어다 (막5:34)

그 아이의 손을 잡고 이르시되 달리다굼 하시니 번역하면 곧 내가 네게 말하노니 소녀야 일어나라 하심이라 (막5:41)

12 제자들이 나가서 회개하라 전파하고

13 많은 귀신을 쫓아내며 많은 병자에게 기름을 발라 고치더라 (막6:12~13)

그의 귀가 열리고 혀가 맺힌 것이 곧 풀려 말이 분명하여졌더라 (막7:35)

예수께서 이르시되 가라 네 믿음이 너를 구원하였느니라 하시니 그가 곧 보게 되어 예수를 길에서 따르니라 (막10:52)

- **믿는 자들에게는 이런 표적이 따르리니**
- **곧 그들이 내 이름으로 귀신을 쫓아내며 새 방언을 말하며**

17 믿는 자들에게는 이런 표적이 따르리니 곧 그들이 내 이름으로 귀신을 쫓아내며 새 방언을 말하며

- **무슨 독을 마실지라도 해를 받지 아니하며**
- **병든 사람에게 손을 얹은즉 나으리라 하시더라**

18 뱀을 집어올리며 무슨 독을 마실지라도 해를 받지 아니하며 병든 사람에게 손을 얹은즉 나으리라 하시더라 (막16:17~18)

해 질 무렵에 사람들이 온갖 병자들을 데리고 나아오매 예수께서 일일이 그 위에 손을 얹으사 고치시니 (눅4:40)

하루는 가르치실 때에 갈릴리의 각 마을과 유대와 예루살렘에서 온 바리새인과 율법교사들이 앉았는데 병을 고치는 주의 능력이 예수와 함께 하더라 (눅5:18)

18 한 중풍병자를 사람들이 침상에 메고 와서 예수 앞에 들여 놓고자 하였으니

19 무리 때문에 메고 들어갈 길을 얻지 못한지라 지붕에 올라가 지붕을 벗기고 병자를 침상째 무리 가운데로 예수 앞에 달아 내리니

▪ **그들의 믿음을 보시고 이르시되 이 사람아 네 죄 사함을 받았느니라**

20 예수께서 그들의 믿음을 보시고 이르시되 이 사람아 네 죄 사함을 받았느니라 하시니 (눅5:18~20)

13 주께서 과부를 보시고 불쌍히 여기사 울지 말라 하시고

14 가까이 가서 그 관에 손을 대시니 맨 자들이 서는지라 예수께서 이르시되 청년아 내가 네게 말하노니 일어나라 하시매

15 죽었던 자가 일어나 앉고 말도 하거늘 예수께서 그를 어머니에게 주시니 (눅7:13~15)

마침 그때에 예수께서 질병과 고통과 및 악귀들린 자를 많이 고치시며 또 많은 맹인을 보게 하신지라 (눅7:21)

▪ **예수께서 열두 제자를 불러 모으사 모든 귀신을 제어하며**

▪ **병을 고치는 능력과 권위를 주시고 하나님의 나라를 전파하며**

1 예수께서 열두 제자를 불러 모으사 모든 귀신을 제어하며 병을 고치는 능력과 권위를 주시고

2 하나님의 나라를 전파하며 앓는 자를 고치게 하려고 내보내시며 (눅9:2)

제자들이 나가 각 마을에 두루 다니며 곳곳에 복음을 전하며 병을 고치더라 (눅9:6)

무리가 알고 따라 왔거늘 예수께서 그들을 영접하사 하나님 나라의 일을 이야기 하시며 병 고칠 자들은 고치시더라 (눅9:11)

8 어느 동네에 들어가든지 너희를 영접하거든 너희 앞에 차려놓는 것을 먹고

9 거기 있는 병자들을 고치고 말하기를 하나님의 나라가 너희에게
가까이 왔다 하라 (눅10:8~9)

7 병자가 대답하되 주여 물이 움직일 때에 나를 못에 넣어 주는 사람
이 없어 내가 가는 동안에 다른 사람이 먼저 내려가나이다
8 예수께서 이르시되 일어나 네 자리를 들고 걸어가라 하시니
9 그 사람이 곧 나아가서 자리를 들고 걸어가니라 이날은 안식일이
니 (요5:7~9)

- **나사렛 예수 그리스도의 이름으로 걸으라 하고**

6 베드로가 이르되 은과 금은 내게 없거니와 내게 있는 이것을 네게
주노니 나사렛 예수 그리스도의 이름으로 일어나 걸으라 하고
7 오른손으로 잡아 일으키니 발과 발목이 곧 힘을 얻고
8 뛰어 서서 걸으며 그들과 함께 성전으로 들어가면서 걷기도 하고
뛰기도 하며 하나님을 찬송하니 (행3:6~8)

예루살렘 부근의 수많은 사람들도 모여 병든 사람과 더러운 귀신에
게 괴로움 받는 사람을 데리고 와서 다 나음을 얻으니라 (행5:16)

32 그때에 베드로가 사방으로 두루 다니다가 룻다에 사는 성도들에
게도 내려갔더니
33 거기서 애니아라 하는 사람을 만나매 그는 중풍으로 침상 위에
누운 지 여덟 해라

- **예수 그리스도께서 너를 낫게 하시니 일어나 네 자리를 정돈하라 한대**
- **곧 일어나니 사람들이 다 그를 보고 주께로 돌아오니라**

34 베드로가 이르되 애니아야 예수 그리스도께서 너를 낫게 하시니
일어나 네 자리를 정돈하라 한대 곧 일어나니
35 룻다와 사론에 사는 사람들이 다 그를 보고 주께로 돌아오니라
(행9:32~35)
8 루스드라에 발을 쓰지 못하는 한 사람이 앉아 있는데 나면서 걷지
못하게 되어 걸어 본 적이 없는지라

- **바울이 주목하여 구원받을 만한 믿음이 그에게 있는 것을 보고**
- **큰 소리로 이르되 네 발로 일어서라 하니 그 사람이 일어나 걷는지라**

9 바울이 말하는 것을 듣거늘 바울이 주목하여 구원받을 만한 믿음
이 그에게 있는 것을 보고
10 큰 소리로 이르되 네 발로 바로 일어서라 하니 그 사람이 일어나
걷는지라 (행14:8~10)
8 보블리오의 부친이 열병과 이질에 걸려 누워 있거늘 바울이 들어
가서 기도하고 그에게 안수하여 낫게 하매
9 이러므로 섬 가운데 다른 병든 사람들이 와서 고침을 받고 (행
28:8~9)

- **너희 중에 병든 자가 있느냐 그는 교회의 장로들을 청할 것이요**
- **그들은 주의 이름으로 기름을 바르며 그들을 위하여 기도할지니라**

14 너희 중에 병든 자가 있느냐 그는 교회의 장로들을 청할 것이요
그들은 주의 이름으로 기름을 바르며 그들을 위하여 기도할지니라

- **믿음의 기도는 병든 자를 구원하리니 주께서 그를 일으키시라**

15 믿음의 기도는 병든 자를 구원하리니 주께서 그를 일으키시리라

혹시 죄를 범하였을지라도 사하심을 받으리라

- **너희 죄를 서로 고백하며 병이 낫기를 위하여 서로 기도하라**

16 그러므로 너희 죄를 서로 고백하며 병이 낫기를 위하여 서로 기도하라 의인의 간구는 역사하는 힘이 큼이니라 (약5:14~16)

- **모든 눈물을 그 눈에서 닦아 주시니 다시는 사망이 없고**
- **애통하는 것이나 곡하는 것이나 아픈 것이 다시 있지 아니하리니**
- **처음 것들이 다 지나갔음이러라**

모든 눈물을 그 눈에서 닦아 주시니 사망이 없고 애통하는 것이나 곡하는 것이나 아픈 것이 다시 있지 아니하리니 처음 것들이 다 지나갔음이러라 (계21:4)

제13부

주 여호와께서 이같이 말씀하셨느니라
나 곧 내가 내 양을 찾고 찾되

■ 여호와의 말씀이 내게 임하여 이르시되

1 여호와의 말씀이 내게 임하여 이르시되

2 인자야 너는 이스라엘 목자들에게 예언하라 그들 곧 목자들에게
예언하여 이르기를 주 여호와께서 이같이 말씀하시되 자기만 먹는
이스라엘 목자들은 화 있을진저 목자들이 양 떼를 먹이는 것이 마땅
하지 아니하냐

3 너희가 살진 양을 잡아 그 기름을 먹으며 그 털을 입되 양 떼는 먹
이지 아니하는도다

4 너희가 연약한 자를 강하게 아니하며 병든 자를 고치지 아니하며
상한 자를 싸매 주지 아니하며 쫓기는 자를 돌아오게 아니하며 잃어
버린 자를 찾지 아니하고 다만 포악으로 그것들을 다스렸도다

5 목자가 없으므로 그것들이 흩어지고 흩어져서 모든 들짐승의 밥
이 되었도다

6 내 양 떼가 모든 산과 높은 멧부리에마다 유리되었고 내 양 떼가
온 지면에 흩어졌으되 찾고 찾는 자가 없었도다

■ 여호와께서 양 떼를 구원하시리라

7 그러므로 목자들아 여호와의 말씀을 들을지어다

8 주 여호와의 말씀에 내가 나의 삶을 두고 맹세하노라 내 양 떼가
노략거리가 되고 모든 짐승의 밥이 된 것은 목자가 없기 때문이라
내 목자들이 내 양을 찾지 아니하고 자기만 먹이고 내 양 떼를 먹이
지 아니하였도다

9 그러므로 너희 목자들아 여호와의 말씀을 들을지어다
10 주 여호와께서 이같이 말씀하시되 내가 목자들을 대적하여 내 양
떼를 그들의 손에서 찾으리니 목자들이 양을 먹이지 못할 뿐 아니라
그들이 다시는 자기도 먹이지 못할지라 내가 내 양을 그들의 입에서
건져내어서 다시는 먹이가 되지 아니하게 하리라

- **주 여호와께서 이같이 말씀하셨느니라**
- **나 곧 내가 내 양을 찾고 찾되**

11 주 여호와께서 이같이 말씀하셨느니라 나 곧 내가 내 양을 찾고
찾되
12 목자가 양 가운데에 있는 날에 양이 흩어졌으면 그 떼를 찾는 것
같이 내가 내 양을 찾아서 흐리고 캄캄한 날에 그 흩어진 모든 곳에
서 그것들을 건져낼지라
13 내가 그것들을 만민 가운데에서 끌어내며 여러 백성가운데에서
모아 그 본토로 데리고 가서 이스라엘 산 위에와 시냇가에와 그 땅
모든 거주지에서 먹이되
14 좋은 꼴을 먹이고 그 우리를 이스라엘 높은 산에 두리니 그것들
이 그곳에 있는 좋은 우리에 누워 있으며 이스라엘 산에서 살진 꼴
을 먹으리라

- **내가 친히 내 양의 목자가 되어**
- **그것들을 누워 있게 할지라 주 여호와의 말씀이니라**

15 내가 친히 내 양의 목자가 되어 그것들을 누워 있게 할지라 주 여
호와의 말씀이니라

16 그 잃어버린 자를 내가 찾으며 쫓기는 자를 내가 돌아오게 하며
상한 자를 내가 싸매 주며 병든 자를 내가 강하게 하려니와 살진 자
와 강한 자는 내가 없애고 정의대로 그것들을 먹이리라

- **주 여호와께서 이같이 말씀하셨느니라 나의 양 떼 너희여**
- **내가 양과 양 사이와 숫양과 숫염소 사이에서 심판하노라**

17 주 여호와께서 이같이 말씀하셨느니라 나의 양 떼 너희여 내가
양과 양 사이와 숫양과 숫염소 사이에서 심판하노라

18 너희가 좋은 꼴을 먹는 것을 작은 일로 여기느냐 어찌하여 남은
꼴을 발로 밟았느냐 너희가 맑은 물을 마시는 것을 작은 일로 여기
느냐 어찌하여 남은 물을 발로 더럽혔느냐

19 나의 양은 너희 발로 밟은 것을 먹으며 너희 발로 더럽힌 것을 마
시는도다 하셨느니라

20 그러므로 주 여호와께서 그들에게 이같이 말씀하시되 나 곧 내가
살진 양과 파리한 양 사이에서 심판하리라

21 너희가 옆구리와 어깨로 밀어뜨리고 모든 병든 자를 뿔로 받아
무리를 밖으로 흩어지게 하는도다

- **그러므로 내가 내 양 떼를 구원하여 그들로 다시는**
- **노략거리가 되지 아니하게 하고 양과 양 사이에 심판하리라애**

22 그러므로 내가 내 양 떼를 구원하여 그들로 다시는 노략거리가
되지 아니하게 하고 양과 양 사이에 심판하리라

23 내가 한 목자를 그들 위에 세워 먹이게 하리니 그는 내 종 다윗이
라 그가 그들을 먹이고 그들의 목자가 될지라

24 나 여호와는 그들의 하나님이 되고 내 종 다윗은 그들 중에 왕이
되리라 나 여호와의 말이니라
25 내가 또 그들과 화평의 언약을 맺고 악한 짐승을 그 땅에서 그치
게 하리니 그들이 빈들에 평안히 거하며 수풀 가운데에서 잘지라

- **내가 그들에게 복을 내리고 내 산 사방에 복을 내리며**
- **때를 따라 소낙비를 내리되 복된 소낙비를 내리리라**

26 내가 그들에게 복을 내리고 내 산 사방에 복을 내리며 때를 따라
소낙비를 내리되 복된 소낙비를 내리리라
27 그리한즉 밭에 나무가 열매를 맺으며 땅이 그 소산을 내리니 그
들이 그 땅에서 평안할지라 내가 그들의 멍에의 나무를 꺾고 그들을
종으로 삼은 자의 손에서 그들을 건져낸 후에 내가 여호와인 줄을
그들이 알겠고
28 그들이 다시는 이방의 노략거리가 되지 아니하며 땅의 짐승들
에게 잡아먹히지도 아니하고 평안히 거주하리니 놀랠 사람이 없으
리라
29 내가 그들을 위하여 파종할 좋은 땅을 일으키리니 그들이 다시는
그 땅에서 기근으로 멸망하지 아니할지며 다시는 여러 나라의 수치
를 받지 아니할지라
30 그들이 내가 여호와 그들의 하나님이며 그들과 함께 있는 줄을
알고 그들 곧 이스라엘 족속이 내 백성인 줄 알리라 주 여호와의 말
씀이니라

- 내 양 곧 내 초장의 양 너희는 사람이요
- 나는 너희 하나님이라 주 여호와의 말씀이니라

31 내 양 곧 내 초장의 양 너희는 사람이요 나는 너희 하나님이라 주
여호와의 말씀이니라 (겔34:1~31)

제14부

그렇게 하지 아니 하실지라도
금 신상에게 절하지도 아니할 줄을 아옵소서

● 금 신상 숭배

1 느부갓네살 왕이 금으로 신상을 만들었으니 높이는 육십 규빗이요
너비는 여섯 규빗이라 그것을 바벨론 지방의 두라 평지에 세웠더라
2 느부갓네살 왕이 사람을 보내어 총독과 수령과 행정관과 모사와
재무관과 재판관과 법률사와 각 지방 모든 관원을 느부갓네살 왕이
세운 신상의 낙성식에 참석하게 하매
3 이에 총독과 수령과 행정관과 모사와 재무관과 재판관과 법률사
와 각 지방 모든 관원이 느부갓네살 왕이 세운 신상의 낙성식에 참
석하여 느부갓네살 왕이 세운 신상 앞에 서니라
4 선포하는 자가 크게 외쳐 이르되 백성들과 나라들과 각 언어로 말
하는 자들아 왕이 너희 무리에게 명하시나니
5 너희는 나팔과 피리와 수금과 삼현금과 양금과 생황과 및 모든 악
기 소리를 들을 때에 엎드리어 느부갓네살 왕이 세운 금 신상에게
절하라
6 누구든지 엎드려 절하지 아니하는 자는 즉시 맹렬히 타는 풀무불
에 던져 넣으리라 하였더라
7 모든 백성과 나라들과 각 언어를 말하는 자들이 나팔과 피리와 수
금과 삼현금과 양금과 및 모든 악기 소리를 듣자 곧 느부갓네살 왕
이 세운 금 신상에게 엎드려 절하니라

● 다니엘의 세 친구

8 그때에 어떤 갈대아 사람들이 나아와 유다 사람들을 참소하니라
9 그들이 느부갓네살 왕에게 이르되 왕이여 만수무강 하옵소서
10 왕이여 왕이 명령을 내리사 모든 사람이 나팔과 피리와 수금과
삼현금과 양금과 생황과 및 모든 악기 소리를 듣거든 엎드려 금 신
상에게 절할 것이라
11 누구든지 엎드려 절하지 아니하는 자는 맹렬히 타는 풀무불 가운
데에 던져 넣음을 당하리라 하지 아니하셨나이까
12 이제 몇 유다 사람 사드락과 메삭과 아벳느고는 왕이 세워 바벨
론 지방을 다스리게 하신 자이거늘 왕이여 이 사람들이 왕을 높이지
아니하며 왕의 신들을 섬기지 아니하며 왕이 세우신 금 신상에게 절
하지 아니하나이다
13 느부갓네살 왕이 노하고 분하여 사드락과 메삭과 아벳느고를 끌
어오라 말하매 드디어 그 사람들을 왕의 앞으로 끌어온지라
14 느부갓네살 왕이 그들에게 물어 이르되 사드락, 메삭, 아벳느고
야 너희가 내 신을 섬기지 아니하며 내가 세운 금 신상에게 절하지
아니한다 하니 사실이냐
15 이제라도 너희가 준비하였다가 나팔과 피리와 수금과 삼현금과
양금과 생황과 및 모든 악기 소리를 들을 때 내가 만든 신상 앞에 엎
드려 절하면 좋거니와 너희가 만일 절하지 아니하면 즉시 너희를 맹
렬히 타는 풀무불 가운데에 던져 넣을 것이니 능히 너희를 내 손에
서 건져낼 신이 누구이겠느냐 하니

16 사드락과 메삭과 아벳느고가 왕에게 대답하여 이르되 느부갓네
살이여 우리가 이 일에 대하여 왕에게 대답할 필요가 없나이다
17 우리가 섬기는 하나님이 계시다면 우리를 맹렬히 타는 풀무불 가
운데에서 능히 건져내시겠고 왕의 손에서도 건져내시리이다

- **그렇게 하지 아니하실지라도**
- **금 신상에게 절하지도 아니할 줄을 아옵소서**

18 그렇게 하지 아니하실지라도 왕이여 우리가 왕의 신들을 섬기지
도 아니하고 왕이 세우신 금 신상에게 절하지도 아니할 줄을 아옵
소서

● 세 친구를 풀무불에 던지다

19 느부갓네살 왕이 분이 가득하여 사드락과 메삭과 아벳느고를 향
하여 얼굴빛을 바꾸고 명령하여 이르되 그 풀무불을 뜨겁게 하기를
평소보다 칠 배나 뜨겁게 하라 하고
20 군대 중 용사 몇 사람에게 명령하여 사드락과 메삭과 아벳느고를
결박하여 극렬히 타는 풀무불 가운데에 던지라 하니라
21 그러자 그 사람들을 겉옷과 속옷과 모자와 다른 옷을 입은 채 결
박하여 맹렬히 타는 풀무불 가운데에 던졌더라
22 왕의 명령이 엄하고 풀무불이 심히 뜨거우므로 불꽃이 사드락과
메삭과 아벳느고를 붙든 사람을 태워 죽였고
23 이 세 사람 사드락과 메삭과 아벳느고는 결박된 채 맹렬히 타는
풀무불 가운데에 떨어졌더라

● 왕이 세 친구를 높이다

24 그때에 느부갓네살 왕이 놀라 급히 일어나서 모사들에게 물어 이
르되 우리가 결박하여 불 가운데 던진 자는 세 사람이 아니었느냐
하니 그들이 왕에게 대답하여 이르되 왕이여 옳소이다 하더라
25 왕이 또 말하여 이르되 내가 보니 결박되지 아니한 네 사람이 불
가운데로 다니는데 상하지도 아니하였고 그 넷째의 모양은 신들의
아들과 같도다 하고 (사43:2)
26 느부갓네살이 맹렬히 타는 풀무불 아귀 가까이 가서 불러 이르되
지극히 높으신 하나님의 종 사드락, 메삭, 아벳느고야 나와서 이리
로 오라 하매 사드락과 메삭과 아벳느고가 불 가운데에서 나온지라
27 총독과 지사와 행정관과 왕의 모사들이 모여 이 사람들을 본즉
불이 능히 그들의 몸을 해하지 못하였고 머리털도 그을리지 아니하
였고 겉옷 빛도 변하지 아니하였고 불 탄 냄새도 없었더라

- **사드락과 메삭과 아벳느고의 하나님을 찬송할지로다**
- **그가 그의 천사를 보내사 자기를 의뢰하고 그들의 몸을 바쳐**
- **왕의 명령을 거역하고 그 하나님밖에는 다른 신을**
- **섬기지 아니하며 그에게 절하지 아니한 종들을 구원하셨도다**

28 느부갓네살이 말하여 이르되 사드락과 메삭과 아벳느고의 하나
님을 찬송할지로다 그가 그의 천사를 보내사(시91:11) 자기를 의뢰
하고 그들의 몸을 바쳐 왕의 명령을 거역하고 그 하나님밖에는 다른
신을 섬기지 아니하며 그에게 절하지 아니한 종들을 구원하셨도다

■ **이는 이같이 사람을 구원할 다른 신이 없음이니라 하더라**

29 그러므로 내가 이제 조서를 내리노니 각 백성과 각 나라와 각 언
어를 말하는 자가 모두 사드락과 메삭과 아벳느고의 하나님께 경솔
히 말하거든 그 몸을 쪼개고 그 집을 거름터로 삼을지니 이는 이같
이 사람을 구원할 다른 신이 없음이니라 하더라
30 왕이 드디어 사드락과 메삭과 아벳느고를 바벨론 지방에서 더욱
높이니라 (단3:1~30)

● 사자 굴 속의 다니엘

1 다리오가 자기의 뜻대로 고관 백이십 명을 세워 전국을 통치하게
하고
2 또 그들 위에 총리 셋을 두었으니 다니엘이 그중의 하나이라 이는
고관들로 총리에게 자기의 직무를 보고하게 하여 왕에게 손해가 없
게 하려 함이었더라
3 다니엘은 마음이 민첩하여 총리들과 고관들 위에 뛰어나므로 왕
이 그를 세워 전국을 다스리게 하고자 한지라
4 이에 총리들과 고관들이 국사에 대하여 다니엘을 고발할 근거를
찾고자 하였으나 아무 근거, 아무 허물도 찾지 못하였으니 이는 그
가 충성되어 아무 그릇됨도 없고 아무 허물도 없음이었더라
5 그들이 이르되 이 다니엘은 그 하나님의 율법에서 근거를 찾지 못
하면 그를 고발할 수 없으리라 하고

6 이에 총리들과 고관들이 모여 왕에게 나아가서 그에게 말하되 다
리오 왕이여 만수무강 하옵소서
7 나라의 모든 총리와 지사와 총독과 법관과 관원이 의논하고 왕에
게 한 법률을 세우며 한 금령을 정하실 것을 구하나이다 왕이여 그
것은 곧 이제부터 삼십 일 동안에 누구든지 왕 외의 어떤 신에게나
사람에게 무엇을 구하면 사자굴에 던져 넣기로 한 것이니이다
8 그런즉 왕이여 원하건대 금령을 세우시고 그 조서에 왕의 도장을
찍어 메대와 바사의 고치지 아니하는 규례를 따라 그것을 다시 고치
지 못하게 하옵소서 하매
9 이에 다리오 왕이 조서에 왕의 도장을 찍어 금령을 내니라

- **다니엘이 이 조서에 왕의 도장이 찍힌 것을 알고도 자기**
- **집에 돌아가서는 윗방에 올라가 예루살렘으로 향한 창문을**
- **열고 전에 하던 대로 하루 세 번씩 무릎을 꿇고 기도하며**

10 다니엘이 이 조서에 왕의 도장이 찍힌 것을 알고도 자기 집에 돌
아가서는 윗방에 올라가 예루살렘으로 향한 창문을 열고 전에 하던
대로 하루 세 번씩 무릎을 꿇고 기도하며 그의 하나님께 감사하였
더라
11 그 무리들이 모여서 다니엘이 자기 하나님 앞에 기도하며 간구하
는 것을 발견하고
12 이에 그들이 나아가서 금령에 관하여 왕께 아뢰되 왕이여 왕이
이미 금령에 왕의 도장을 찍어서 이제부터 삼십 일 동안에는 누구든
지 왕 외의 어떤 신에게나 사람에게 구하면 사자 굴에 던져 넣기로

하지 아니하였나이까 하니 왕이 대답하여 이르되 이 일이 확실하니
메대와 바사의 고치지 못하는 규례니라 하는지라
13 그들이 왕 앞에서 말하여 이르되 왕이여 사로잡혀 온 유다 자손
중에 다니엘이 왕과 왕의 도장이 찍힌 금령을 존중하지 아니하고 하
루 세 번씩 기도하나이다 하니
14 왕이 이 말을 듣고 그로 말미암아 심히 근심하여 다니엘을 구원
하려고 마음을 쓰며 그를 건져내려고 힘을 다하다가 해가 질 때에
이르렀더라
15 그 무리들이 또 모여 왕에게로 나아와서 왕께 말하되 왕이여 메
대와 바사의 규례를 아시거니와 왕께서 세우신 금령과 법도는 고치
지 못할 것이니이다 하니
16 이에 왕이 명령하매 다니엘을 끌어다가 사자 굴에 던져 넣는지라
왕이 다니엘에게 이르되 네가 항상 섬기는 너의 하나님이 너를 구원
하시리라 하니라
17 이에 돌을 굴려다가 굴 어귀를 막으매 왕이 그의 도장과 귀족들
의 도장으로 봉하였으니 이는 다니엘에 대한 조치를 고치지 못하게
하려 함이었더라
18 왕이 궁에 돌아가서는 밤이 새도록 금식하고 그 앞에 오락을 그
치고 잠자기를 마다하니라
19 이튿날에 왕이 새벽에 일어나 급히 사자 굴로 가서
20 다니엘이 든 굴에 가까이 이르러 슬피 소리 질러 다니엘에게 묻
되 살아계시는 하나님의 종 다니엘아 네가 항상 섬기는 네 하나님이

사자들에게서 능히 너를 구원하셨느냐 하니라

21 다니엘이 왕에게 아뢰되 왕이여 원하건대 왕은 만수무강 하옵소서

- **나의 하나님이 이미 그의 천사를 보내어 사자들의 입을**
- **봉하셨으므로 사자들이 나를 상해하지 못하여사오니**

22 나의 하나님이 이미 그의 천사를 보내어 사자들의 입을 봉하셨으므로 사자들이 나를 상해하지 못하였사오니(시91:11) 이는 나의 무죄함이 그 앞에 명백함이오며 또 왕이여 나는 왕에게도 해를 끼치지 아니하였나이다 하니라

- **이는 그가 자기의 하나님을 믿음이었더라**

23 왕이 심히 기뻐서 명하여 다니엘을 굴에서 올리라 하매 그들이 다니엘을 굴에서 올린즉 그의 몸이 조금도 상하지 아니하였으니 이는 그가 자기의 하나님을 믿음이었더라

24 왕이 말하여 다니엘을 참소한 사람들을 끌어오게 하고 그들을 그들의 처자들과 함께 사자 굴에 던져 넣게 하였더니 그들이 굴 바닥에 닿기도 전에 사자들이 곧 그들을 움켜서 그 뼈까지도 부서뜨렸더라

25 이에 다리오 왕이 온 땅에 있는 모든 백성과 나라들과 언어가 다른 모든 사람들에게 조서를 내려 이르되 원하건대 너희에게 큰 평강이 있을지어다

26 내가 이제 조서를 내리노라 내 나라 관할 아래에 있는 사람들은 다 다니엘의 하나님 앞에서 떨며 두려워할지니 그는 살아계시는 하

나님이시요 영원히 변하지 않으실 이시며 그의 나라는 멸망하지 아
니할 것이요 그의 권세는 무궁할 것이며
27 그는 구원도 하시며 건져내기도 하시며 하늘에서든지 땅에서든
지 이적과 기사를 행하시는 이로서 다니엘을 구원하여 사자의 입에
서 벗어나게 하셨음이라 하였더라
28 이 다니엘이 다리오 왕의 시대와 바사 사람 고레스 왕의 시대에
형통하였더라 (단 6:1~28)

제15부

내가 너희 각 사람이 행한 대로 심판할지라

● 아버지의 죄악과 아들의 의

1 또 여호와의 말씀이 내게 임하여 이르시되
2 너희가 이스라엘 땅에 관한 속담에 이르기를 아버지가 신 포도주
를 먹었으므로 그의 아들이 이가 시다고 함은 어찌 됨이냐
3 주 여호와의 말씀이니라 내가 나의 삶을 두고 맹세하노니 너희가
이스라엘 가운데서 다시는 이 속담을 쓰지 못하게 되리라

- **모든 영혼이 다 내게 속한지라**
- **범죄하는 그 영혼은 죽으리라**

4 모든 영혼이 다 내게 속한지라 아버지의 영혼이 내게 속함같이 그
의 아들의 영혼도 내게 속하였나니 범죄하는 그 영혼은 죽으리라
5 사람이 만일 의로워서 정의와 공의를 따라 행하며
6 산 위에서 제물을 먹지 아니하며 이스라엘 족속의 우상에게 눈을
들지 아니하며 이웃의 아내를 더럽히지 아니하며 월경 중에 있는 여
인을 가까이 하지 아니하며
7 사람을 학대하지 아니하며 빚진 자의 저당물을 돌려 주며 강탈하
지 아니하며 주린 자에게 음식물을 주며 벗은 자에게 옷을 입히며
8 변리를 위하여 꾸어 주지 아니하며 이자를 받지 아니하며 스스로
손을 금하여 죄를 짓지 아니하며 사람과 사람 사이에 진실하게 판단
하며

- **내 율례를 따르며 내 규례를 지켜 진실하게 행할진대**
- **그는 의인이니 반드시 살리라 주 여호와의 말씀이니라**

9 내 율례를 따르며 내 규례를 지켜 진실하게 행할진대 그는 의인이

니 반드시 살리라 주 여호와의 말씀이니라
10 가령 그가 아들을 낳았다 하자 그 아들이 이 모든 선은 하나도 행
하지 아니하고 이 죄악 중 하나를 범하여 강포하거나 살인하거나
11 산 위에서 제물을 먹거나 이웃의 아내를 더럽히거나
12 가난하고 궁핍한 자를 학대하거나 강탈하거나 빚진 자의 저당물
을 돌려 주지 아니하거나 우상에게 눈을 들거나 가증한 일을 행하
거나

- **이 모든 가증한 일을 행하였은즉 반드시 죽을지라**
- **자기의 피가 자기에게로 돌아가리라**

13 변리를 위하여 꾸어주거나 이자를 받거나 할진대 그가 살겠느냐
결코 살지 못하리니 이 모든 가증한 일을 행하였은즉 반드시 죽을지
라 자기의 피가 자기에게로 돌아가리라
14 또 가령 그가 아들을 낳았다 하자 그 아들이 아버지가 행한 모든
죄를 보고 두려워하여 그대로 행하지 아니하고
15 산 위에서 제물을 먹지도 아니하며 이스라엘 족속의 우상에게 눈
을 들지도 아니하며 이웃의 아내를 더럽히지도 아니하며
16 사람을 학대하지도 아니하며 저당을 잡지도 아니하며 강탈하지
도 아니하고 주린 자에게 음식을 주며 벗은 자에게 옷을 입히며
17 손을 금하여 가난한 자를 압제하지 아니하며 변리나 이자를 받지
아니하여 내 규례를 지키며 내 율례를 행할진대 이 사람은 그의 아
버지의 죄악으로 죽지 아니하고 반드시 살겠고
18 그의 아버지는 심히 포학하여 그 동족을 강탈하고 백성들 중에서

선을 행하지 아니하였으므로 그는 그의 죄악으로 죽으리라

19 그런데 너희는 이르기를 아들이 어찌 아버지의 죄를 담당하지 아
니하겠느냐 하는도다 아들이 정의와 공의를 행하며 내 모든 율례를
지켜 행하였으면 그는 반드시 살려니와

20 범죄하는 그 영혼은 죽을지라 아들은 아버지의 죄악을 담당하
지 아니할 것이요 아버지는 아들의 죄악을 담당하지 아니하리니 의
인의 공의도 자기에게로 돌아가고 악인의 악도 자기에게로 돌아가
리라

- **그러나 악인이 만일 그가 행한 모든 죄에서**
- **돌이켜 떠나 내 모든 율례를 지키고**
- **정의와 공의를 행하면 반드시 살고 죽지 아니할 것이라**

21 그러나 악인이 만일 그가 행한 모든 죄에서 돌이켜 떠나 내 모든
율례를 지키고 정의와 공의를 행하면 반드시 살고 죽지 아니할 것
이라

- **그 범죄한 것이 하나도 기억함이 되지 아니하리니**
- **그가 행한 공의로 살리라**

22 그 범죄한 것이 하나도 기억함이 되지 아니하리니 그가 행한 공
의로 살리라

- **주 여호와의 말씀이니라 내가 어찌 악인이 죽는 것을**
- **조금인들 기뻐하랴 그가 돌이켜 그 길에서 떠나**
- **사는 것을 어찌 기뻐하지 아니하겠느냐**

23 주 여호와의 말씀이니라 내가 어찌 악인이 죽는 것을 조금인들

기뻐하랴 그가 돌이켜 그 길에서 떠나 사는 것을 어찌 기뻐하지 아
니하겠느냐
24 만일 의인이 돌이켜 그 공의에서 떠나 범죄하고 악인이 행하는
모든 가증한 일대로 행하면 살겠느냐 그가 행한 공의로운 일은 하나
도 기억함이 되지 아니하리니 그가 그 범한 허물과 그 지은 죄로 죽
으리라 (히6:4~6)
25 그런데 너희는 이르기를 주의 길이 공평하지 아니하다 하는도다
이스라엘 족속아 들을지어다 내 길이 어찌 공평하지 아니하냐 너희
길이 공평하지 아니한 것이 아니냐
26 만일 의인이 그 공의를 떠나 죄악을 행하고 그로 말미암아 죽으
면 그 행한 죄악으로 말미암아 죽는 것이요
27 만일 악인이 그 행한 악을 떠나 정의와 공의를 행하면 그 영혼을
보전하리라
28 그가 스스로 헤아리고 그 행한 모든 죄악에서 돌이켜 떠났으니
반드시 살고 죽지 아니하리라
29 그런데 이스라엘 족속은 이르기를 주의 길이 공평하지 아니하다
하는도다 이스라엘 족속아 나의 길이 어찌 공평하지 아니하냐 너희
길이 공평하지 아니한 것 아니냐

- **내가 너희 각 사람이 행한 대로 심판할지라**
- **너희는 돌이켜 회개하고 모든 죄에서 떠날지어다**
- **그리한즉 그것이 너희에게 죄악의 걸림돌이 되지 아니하리라**

30 주 여호와의 말씀이니라 이스라엘 족속아 내가 너희 각 사람이

행한 대로 심판할지라(계20:12) 너희는 돌이켜 회개하고 모든 죄에
서 떠날지어다(벧후3:9) 그리한즉 그것이 너희에게 죄악의 걸림돌이
되지 아니하리라
31 너희는 너희가 범한 모든 죄악을 버리고 마음과 영을 새롭게 할
지어다 이스라엘 족속아 너희가 어찌하여 죽고자 하느냐

- **주 여호와의 말씀이니라 죽을 자가 죽는 것도 내가**
- **기뻐하지 아니하노니 너희는 스스로 돌이키고 살지니라**

32 주 여호와의 말씀이니라 죽을 자가 죽는 것도 내가 기뻐하지 아
니하노니 너희는 스스로 돌이키고 살지니라 (겔18:1~32)

제16부

너희 이름이 하늘에 기록된 것으로 기뻐하라

● 칠십인이 돌아오다

▪ 주여 주의 이름이면 귀신들도 우리에게 항복하더이다

17 칠십 인이 기뻐하며 돌아와 이르되 주여 주의 이름이면 귀신들도
우리에게 항복하더이다
18 예수께서 이르시되 사탄이 하늘로부터 번개같이 떨어지는 것을
내가 보았노라

▪ 내가 너희에게 뱀과 전갈을 밟으며 원수의 모든 능력을

▪ 제어할 권능을 주었으니 너희를 해칠 자가 결코 없으리라

19 내가 너희에게 뱀과 전갈을 밟으며 원수의 모든 능력을 제어할
권능을 주었으니 너희를 해칠 자가 결코 없으리라

▪ 그러나 귀신들이 너희에게 항복하는 것으로 기뻐하지 말고

▪ 너희 이름이 하늘에 기록된 것으로 기뻐하라 하시니라

20 그러나 귀신들이 너희에게 항복하는 것으로 기뻐하지 말고 너희
이름이 하늘에 기록된 것으로 기뻐하라 하시니라 (눅10:17~20)

● 예수의 감사기도

▪ 그때에 예수께서 성령으로 기뻐하시며

▪ 이렇게 된 것이 아버지의 뜻이니이다

21 그때에 예수께서 성령으로 기뻐하시며 이르시되 천지의 주재이
신 아버지여 이것을 지혜롭고 슬기 있는 자들에게는 숨기시고 어린
아이들에게는 나타내심을 감사하나이다 옳소이다 이렇게 된 것이
아버지의 뜻이니이다

- **아버지 외에는 아들이 누구인지 아는 자가 없고**
- **아들과 또 아들의 소원대로 계시를 받는 자 외에는**
- **아버지가 누구인지 아는 자가 없나이다 하시고**

22 내 아버지께서 모든 것을 내게 주셨으니 아버지 외에는 아들이
누구인지 아는 자가 없고 아들과 또 아들의 소원대로 계시를 받는
자 외에는 아버지가 누구인지 아는 자가 없나이다 하시고

- **제자들을 돌아보시며 조용히 이르시되**
- **너희가 보는 것을 보는 눈은 복이 있도다**

23 제자들을 돌아보시며 조용히 이르시도 너희가 보는 것을 보는 눈
은 복이 있도다

24 내가 너희에게 말하노니 많은 선지자와 임금이 너희가 보는 바를
보고자 하였으되 보지 못하였으며 너희가 듣는 바를 듣고자 하였으
되 듣지 못하였느니라 (눅10:21~24)

제17부

주 예수여 오시옵소서

- 주 곧 선지자들의 영의 하나님이 그의 종들에게 반드시
- 속히 되어질 일을 보이시려고 그의 천사를 보내셨도다

6 또 그가 내게 말하기를 이 말은 신실하고 참된지라 주 곧 선지자들
의 영의 하나님이 그의 종들에게 반드시 속히 되어질 일을 보이시려
고 그의 천사를 보내셨도다

- 보라 내가 속히 오리니 이 두루마리의 예언의 말씀을
- 지키는 자는 복이 있으리라 하더라

7 보라 내가 속히 오리니 이 두루마리의 예언의 말씀을 지키는 자는
복이 있으리라 하더라

8 이것들을 보고 들은 자는 나 요한이니 내가 듣고 볼 때에 이 일을
내게 보이던 천사의 발 앞에 경배하려고 엎드렸더니

9 그가 내게 말하기를 나는 너와 네 형제 선지자들과 또 이 두루마리
의 말을 지키는 자들과 함께 된 종이니 그리하지 말고 하나님께 경
배하라 하더라

10 또 내게 말하되 이 두루마리의 예언의 말씀을 인봉하지 말라 때
가 가까우니라

- 불의를 행하는 자는 그대로 불의를 행하고
- 더러운 자는 그대로 더럽고 의로운 자는 그대로
- 의를 행하고 거룩한 자는 그대로 거룩하게 하라

11 불의를 행하는 자는 그대로 불의를 행하고 더러운 자는 그대로 더
럽고 의로운 자는 그대로 의를 행하고 거룩한 자는 그대로 거룩하게
하라

■ **보라 내가 속히 오리니 내가 줄 상이**

■ **내게 있어 각 사람에게 그가 행한대로 갚아 주리라**

12 보라 내가 속히 오리니 내가 줄 상이 내게 있어 각 사람에게 그가
행한 대로 갚아 주리라

13 나는 알파와 오메가요 처음과 마지막이요 시작과 마침이라

■ **자기 두루마리를 빠는 자들은 복이 있으니**

■ **이는 그들이 생명나무에 나아가며**

■ **문들을 통하여 성에 들어갈 권세를 받으려 함이로다**

14 자기 두루마리를 빠는 자들은 복이 있으니 이는 그들이 생명나무
에 나아가며 문들을 통하여 성에 들어갈 권세를 받으려 함이로다

15 개들과 점술가들과 음행하는 자들과 살인자들과 우상 숭배자들
과 및 거짓말을 좋아하며 지어내는 자는 다 성 밖에 있으리라

16 나 예수는 교회들을 위하여 내 사자를 보내어 이것들을 너희에게
증언하게 하였노라 나는 다윗의 뿌리요 자손이니 곧 광명한 새벽별
이라 하시더라

■ **성령과 신부가 말씀하시기를 오라 하시는도다**

■ **듣는 자도 오라 할 것이요 목마른 자도 올 것이요**

■ **또 원하는 자는 값없이 생명수를 받으라 하시더라**

17 성령과 신부가 말씀하시기를 오라 하시는도다 듣는 자도 오라 할
것이요 목마른 자도 올 것이요 또 원하는 자는 값없이 생명수를 받
으라 하시더라

■ **내가 이 두루마리의 예언의 말씀을 듣는 모든 사람에게**

▪ **증언하노니 만일 누구든지 이것들 외에 더하면 하나님이**

▪ **이 두루마리에 기록된 재앙들을 그에게 더하실 것이요**

18 내가 이 두루마리의 예언의 말씀을 듣는 모든 사람에게 증언하노
니 만일 누구든지 이것들 외에 더하면 하나님이 이 두루마리에 기록
된 재앙들을 그에게 더하실 것이요

▪ **만일 누구든지 이 두루마리의 예언의 말씀에서 제하여**

▪ **버리면 하나님이 이 두루마리에 기록된 생명나무와 및**

▪ **거룩한 성에 참여함을 제하여 버리시리라**

19 만일 누구든지 이 두루마리의 예언의 말씀에서 제하여 버리면 하
나님이 이 두루마리에 기록된 생명나무와 및 거룩한 성에 참여함을
제하여 버리시리라

▪ **이것들을 증언하신 이가 이르시되 내가 진실로**

▪ **속히 오리라 하시거늘 아멘 주 예수여 오시옵소서**

20 이것들을 증언하신 이가 이르시되 내가 진실로 속히 오리라 하시
거늘 아멘 주 예수여 오시옵소서

▪ **주 예수의 은혜가 모든 자들에게 있을지어다 아멘**

21 주 예수의 은혜가 모든 자들에게 있을지어다 아멘 (계22:6~21)

"주 예수의 은혜가 모든 자들에게 있을지어다 아멘"